タオル1本でくびれを作る

肋骨締め

makahou2

日本内科学会認定 総合内科専門医
藤澤孝志郎[監修]

KADOKAWA

私が「肋骨締め」に行き着いたわけ

Prologue

目指すべきは「細い体」ではなく「しなやかなボディライン」

この本を手にとってくださってありがとうございます！

私は高校生の息子がいる主婦で、ｍａｋａｈｏｕ2という名前のインスタグラマーです。５年ほど前からインスタグラムで自分のボディメイク法を紹介してきましたが、気づいたらフォロワーさんが7万人を超えていました！

さらに、私のメソッドが出版社の方の目にとまり、書籍化のお話をいただくことができたのです。

そのときに出版社の方に強く伝えたのが、私が行っているのはダイエットではなく、「ボディメイク」だということです。体重の増減に一喜一憂するのではなく、自分の理想のボディラインを作るためのメソッドを多くの方に紹介したいと伝えました。

私がボディメイクにこだわるのは、これまでダイエットに失敗した経験があったからという理由もあります。

そのときに気づいたことをまずはお話ししたいと思います。

私は37歳のとき、毎年少しずつ増えていった体重が、ついには60キロになってしまいました。身長が１６７センチなので、60キロでもすごく太っているというわけではなかったのですが、30代後半というと、それ以降はどんどん代謝が悪くなる年代です。

もともと「かっこいい40歳になりたい！」と思っていたので、そのときに一念発起し、７か月で体重を９キロ落とすことに成功しました。

夕食をダイエットドリンクに置き換えるなど、食事制限を行った結果でしたが、そのときに周りから言われたのは「マッチ棒みたい！」という言葉。筋肉が落ち、体にメリハリがなくなって、ひょろひょろの棒のような体形になってしまったのです。

自分ではダイエットに成功したことに喜んでいたけれど、第三者の目から見ると、まったく魅力的でないやせ方だったわけです。このときに「やせればきれいになれるわけじゃないんだ……」と気づきました。

変化していくボディラインを
SNSでも投稿しています

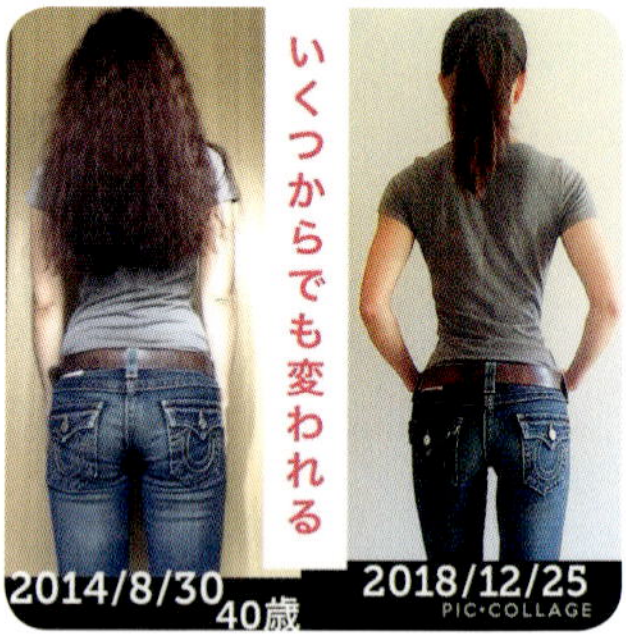

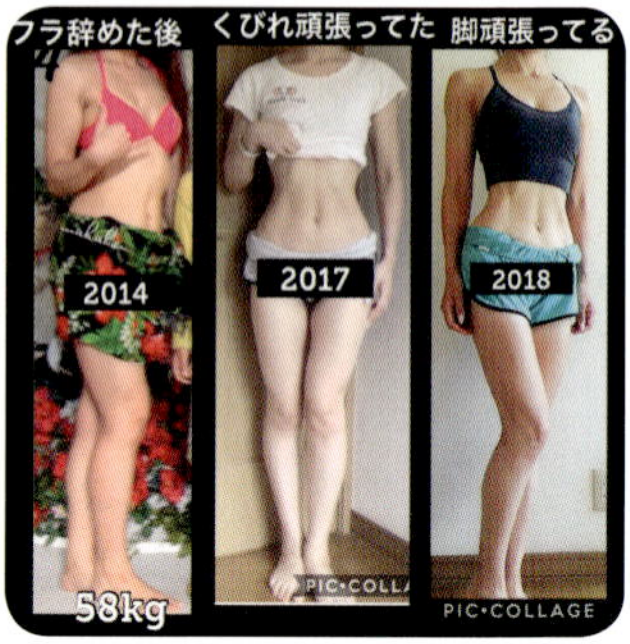

さらに、いったんはダイエットに成功したため食事制限をやめたところ、再びじわじわと体重が増え始め、40歳のときには58キロに……。ボトムスはMからLサイズになり、それまで穿いていたジーンズが入らなくなってしまいました。

目指していた「かっこいい40歳」から遠ざかってしまったことで焦った私は、インターネットなどでダイエット記事を読みまくりました。そして、「私が手に入れたいのは、筋肉質で引き締まった体ではなく、くびれと丸みのあるしなやかなボディラインなんだ」とわかったのです。

服を着ていてもくびれがわかる、
女性らしい曲線のボディラインを目指しています

そこでダイエットはやめてボディメイクに集中することにしました。その中で効果を出せたのが、今回ご紹介する「肋骨締め」と「くびれマッサージ」だったのです。

そもそも私が「肋骨締め」に注目したのは、腹筋運動をしたら体が横に広がって、ウエストが太くなったことが関係しています。

「腹筋をつけたらお腹が引き締まって、ウエストにくびれができる！」と考え、一生懸命腹筋に取り組んだのですが、それは間違っていました。真上から上半身を見たとき、きれいな円形ではなく、楕円形に広がった感じの横広がりの体形になってしまったのです。

私が欲しいのは女性らしいくびれ。そのため腹筋運動はやめて、わき腹の脂肪を柔らかくほぐすマッサージに変更しました。すると驚いたことに、硬かったウエスト周りが柔らかくなって、どんどんくびれができてきたのです。

しかし、今度は上半身のバランスが悪くなったことに目がいきました。ウエストがくびれていても、肋骨が広がっていて、体が四角に見えるため、女性らしい柔らかなラインが出ていなかったのです。

そこで今度は、肋骨を締めてみようと思いつきました。肋骨は締めても大丈夫なのかを調べたところ、問題ないという記事を多く見つけ、さらには肋骨を締めることでバストが中央に寄り、形が整うということもわかりました。

「肋骨は締めて大丈夫なんだ！」と知り、自分の体と向き合って、やり方を工夫していくうちに完成したのが、ｍａｋａｈｏｕ２流の「肋骨締め」です。

すでにこの「肋骨締め」をやり始めて3年以上が経ちますが、以前に比べるとアンダーバストは72センチから62センチへ、ウエストは64センチから54センチへとどちらも10センチ細くなっています。

憧れていた「ウエストとヒップの差30センチ」も実現することができました。

この「肋骨締め」をインスタグラムでご紹介したところ、大きな反響をいただき、たくさんの方が実践してくださいました。

みなさんからは、「ウエストにくびれができた」「アンダーバストが細くなってブラジャーのサイズが変わった」「肩こりが治った」「姿勢がよくなった」といった喜びの声をいただいています。


この本では、インスタグラムで紹介している内容をよりわかりやすく、詳しく解説することにしました。さらには、肋骨締めの効果を一層アップさせるために私が行っている、くびれマッサージ、下半身やせウォーキング、全身ほぐし、食事術もご紹介しています。

また、医師のDr．孝志郎先生に医学的な見地から私のメソッドについてご解説いただき、太鼓判を押してもらっています。

ぜひみなさんも、どこでもカンタンにできる「肋骨締め」で、自分に自信がもてる、理想の体形を手に入れてください。

contents

Part 2

ウエスト-10cmを目指そう！

How To 肋骨締め

Part 3

下半身やせウォーキング&全身ほぐしでくびれ倍増

オプション・エクササイズ

Part 4

内側から美しくなる 大人気のmakahou2レシピ

Epilogue

「肋骨締め」は内臓も健康にしてくれる

まずは脂肪をほぐし、
リンパを流す！

事前準備「くびれマッサージ」

Part 1

なぜ「肋骨締め」の前に「くびれマッサージ」が必要なのか？

私は「肋骨締め」を行う前に、必ず「くびれマッサージ」を行っています。これは、言ってみれば「肋骨締め」をする前の準備運動のようなものです。

では、なぜ「肋骨締め」の前にこのマッサージが必要なのでしょうか。

理由のひとつは「くびれさせる場所を作る」ため。個人差がありますが、ウエスト部分にある程度の幅がないと、美しいくびれを作ることができません。この「幅」とは、肋骨と骨盤の間の部分です。人間の体は、寝ているとき以外は常に重力と闘っているので、上体を起こしていると肋骨と骨盤の間が縮まってしまうのです。ですからまずは、背すじを伸ばしてこの部分を広げましょう。

次に、肋骨周りの脂肪や筋肉を柔らかくします。くびれさせたいお腹周りをもみほぐすことで、「肋骨締め」の効果が高まります。

また、この「くびれマッサージ」はリンパの流れをよくし、老廃物を流すものなので、これだけでもくびれができるというメリットがあるのです。

くびれができることで、前・後ろ・横・ななめのどこから見ても
丸みをおびた女性らしい曲線が生まれます

まずは肋骨と骨盤の間を広げよう

1

両足を肩幅の広さに開いて立ち、両腕を上に伸ばす。頭上で軽く指を組んで、背すじをまっすぐにし、息を吐きながら大きく上に伸びる。

肋骨と骨盤の間を広げるために、上体を伸ばします。両手をあげて伸びるだけですが、普段姿勢が悪い人は背すじがピンと伸び、肋骨が上がります。

さらに、片方の手でもう一方の手首をつかみ、つかんだ手のほうに軽く上体を倒します。イメージとしては、左右のわき腹を伸ばすような感じです。

肩や背中がこっている人は、これだけでもこりがラクになりますし、姿勢が矯正されて美しい立ち姿になるでしょう。

2

両腕を上にあげたまま、右手で左手の手首をつかみ、右手で左腕を引っ張るように上体を軽く右側に倒し、息を吐きながらわき腹を伸ばす。

3

左手で右手の手首をつかみ、2と同じように左手で右腕を引っ張るように上体を軽く左側に倒し、息を吐きながらわき腹を伸ばす。

基本の「くびれマッサージ」

両手でもみほぐし

1

滑りをよくするため、ボディ用のクリームやオイルなどを用意する。普段お使いのもので OK。

2

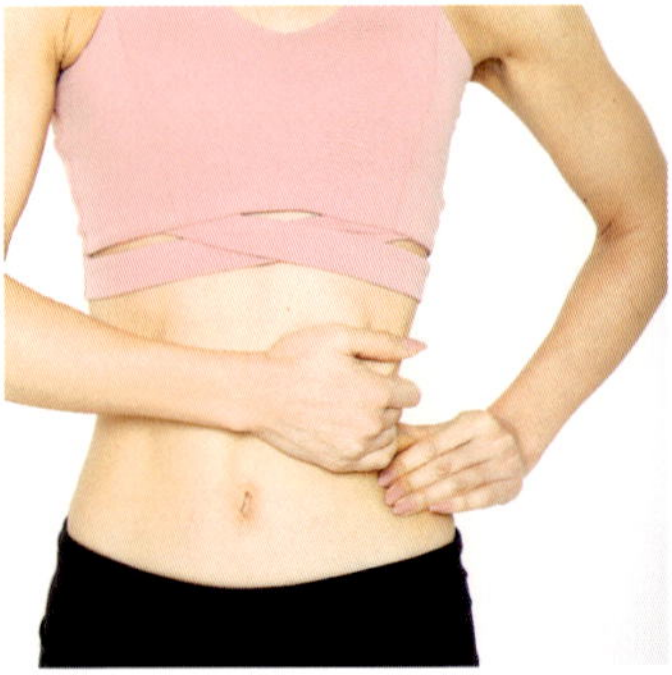

3

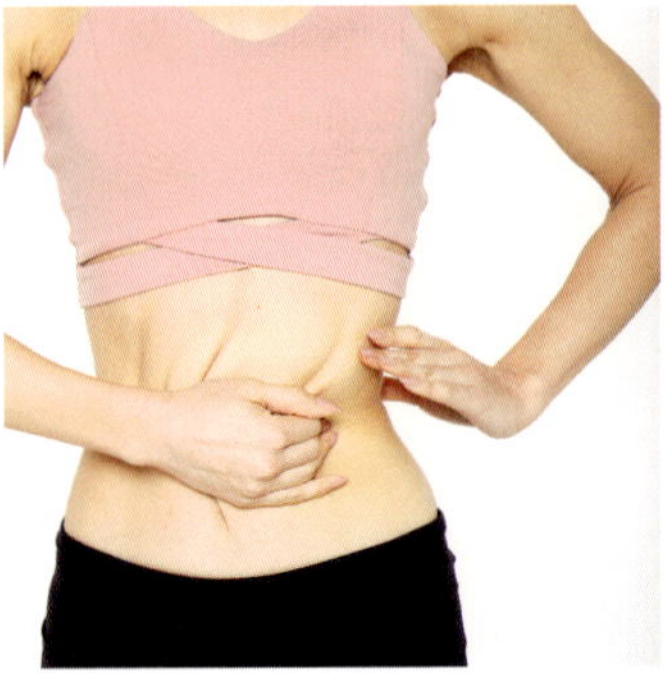

肋骨と骨盤の間のわき腹部分にクリームなどを塗り、両手で脂肪をもみほぐす。左右両方行う。

脂肪を流す方向

1

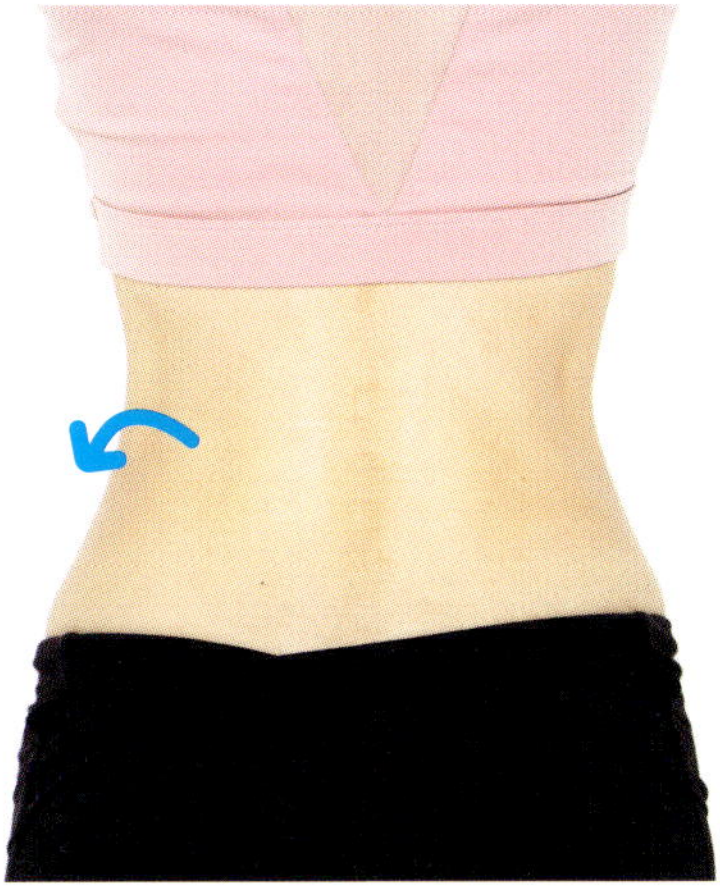

背中の骨盤の上あたりから、わき腹を通ってお腹側（正面）に向かって、脂肪を動かすようなつもりで強めに流していく。

2

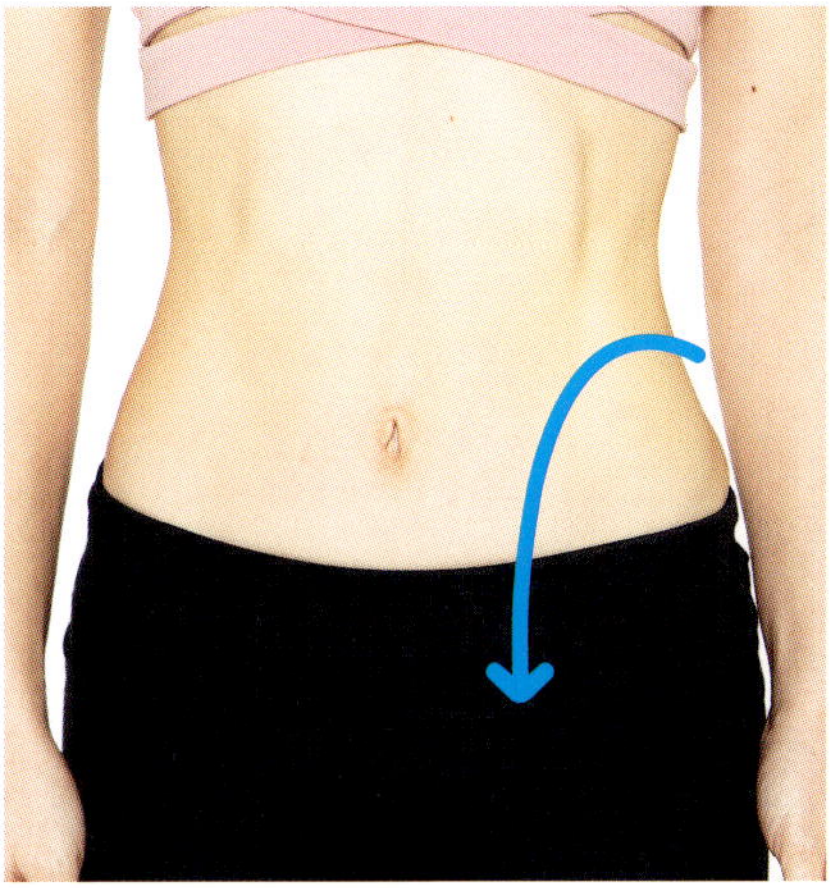

わき腹から下腹部、鼠径部（股関節の内側）に向けて、骨盤に沿って脂肪を動かしていく。

正面から見た「基本のくびれマッサージ」

1

左手親指を開いて背中に当て、骨盤に沿って、背中からわき腹に向かって脂肪を流していく。

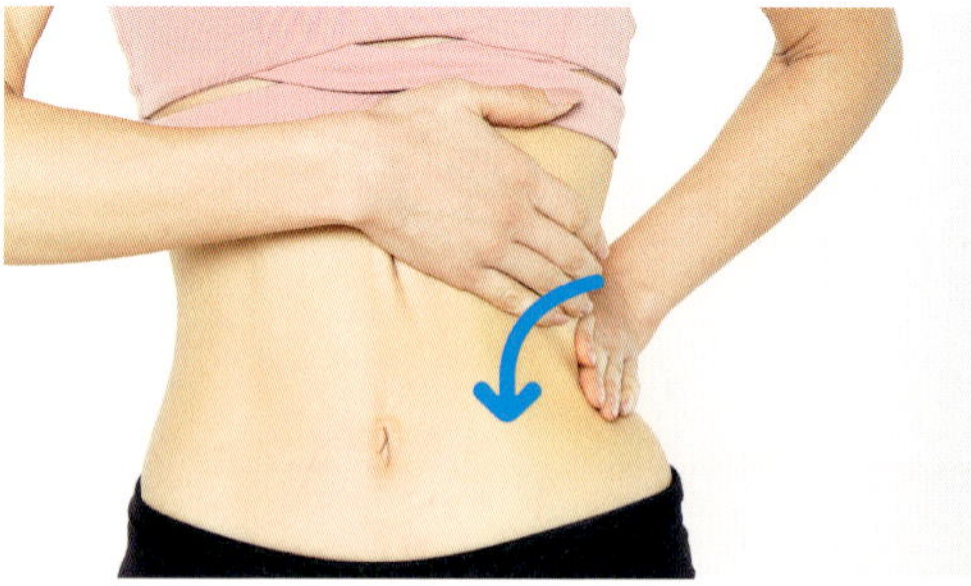

2

左手親指以外の四指がお腹側にきたら右手を添え、骨盤に沿って下腹部に脂肪を流していく。

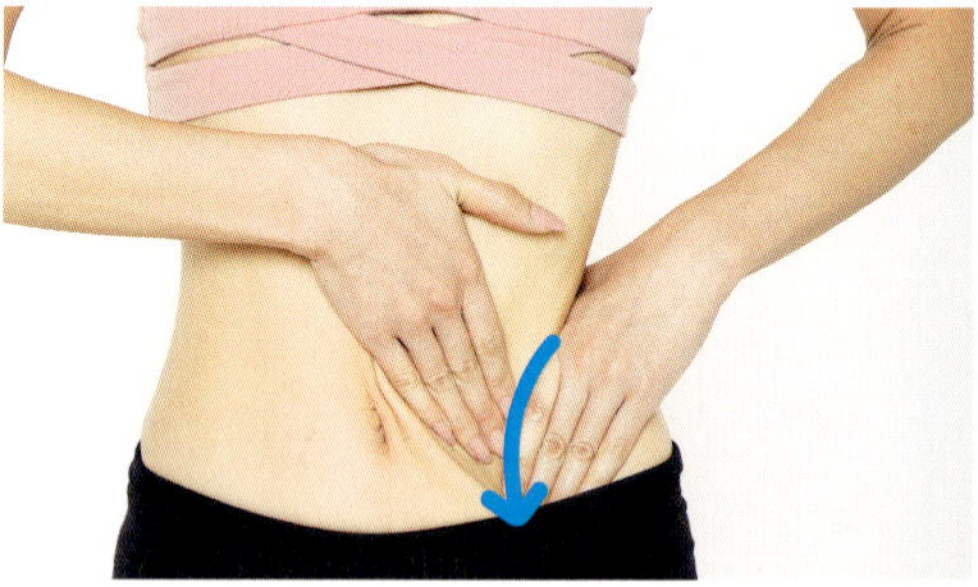

3

右手と左手を揃えるようにして、鼠径部に向けて脂肪を流す(右側も同様に行う)。

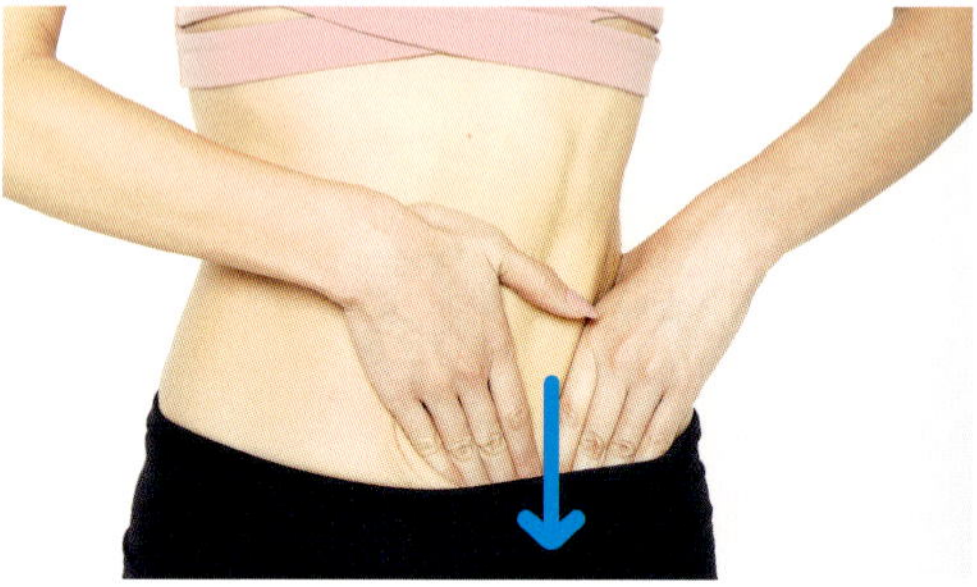

横から見た「基本のくびれマッサージ」

1

横から見ると、左手の人差し指と親指の間（L字のような形）を中心に流しているのがわかる。

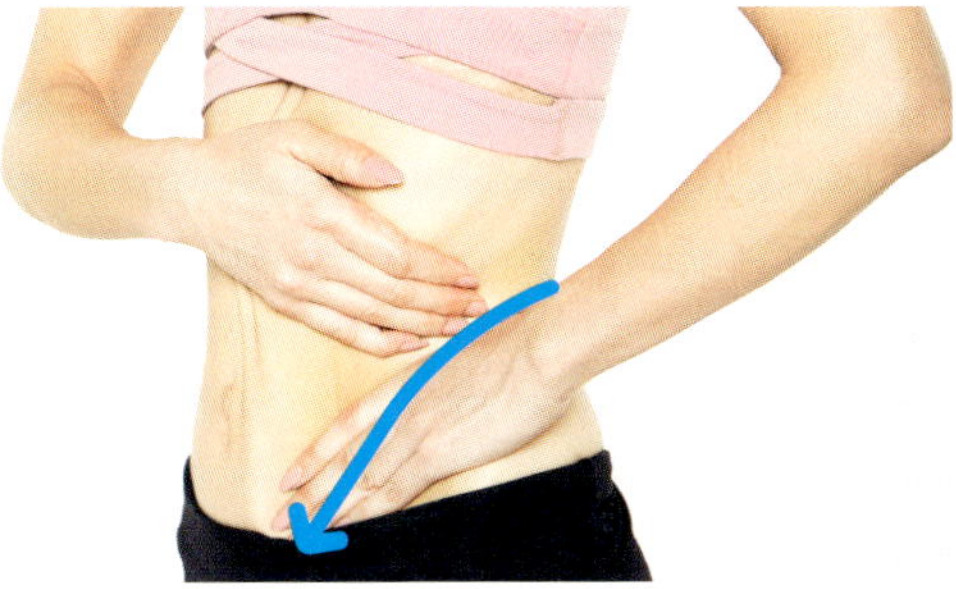

2

左手人差し指から小指までの四指が正面にきたら、右手を添えて下腹部に向かう。

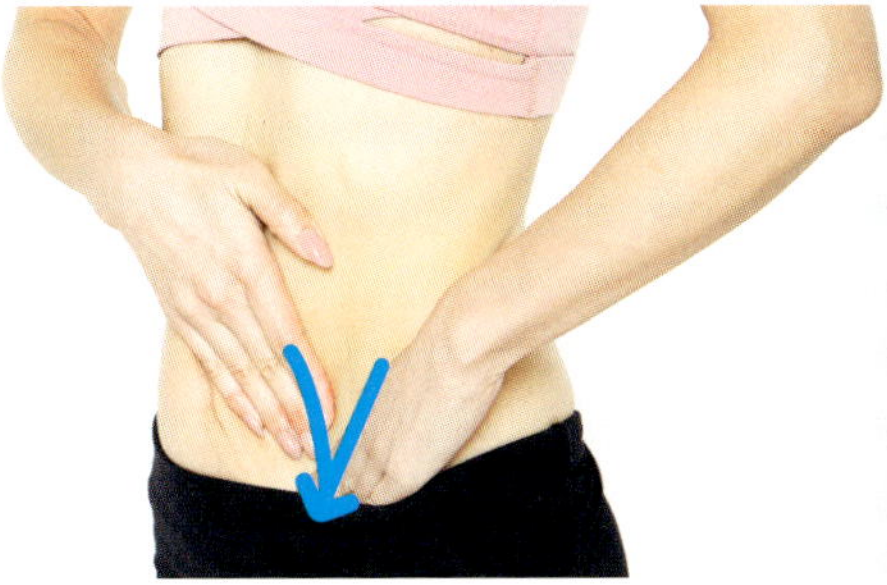

3

おへその下あたりにきたら、左右の手指を揃えて、鼠径部に向けて脂肪を流す（右側も同様に行う）。

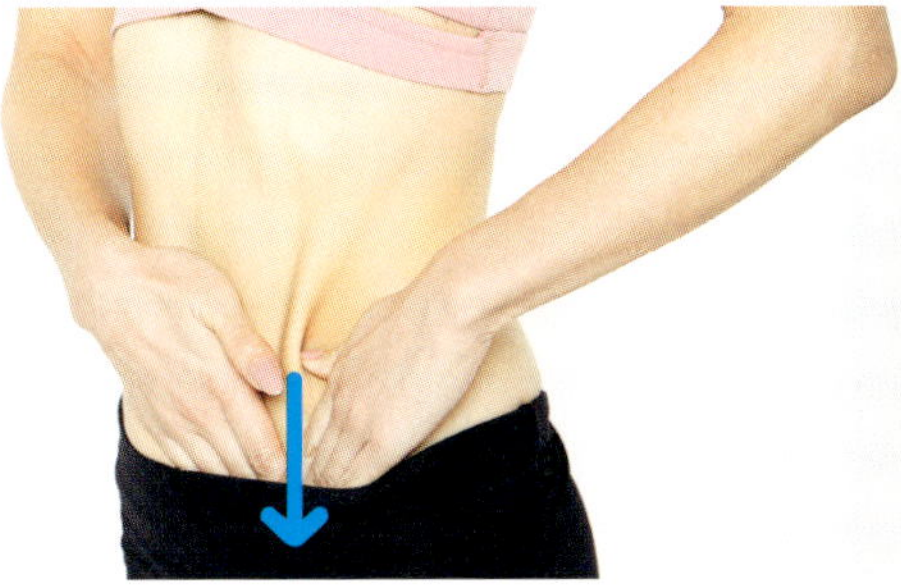

背面から見た「基本のくびれマッサージ」

1

骨盤に沿って、左手でわき腹をつかむようにする。その形のままお腹側に脂肪を流していく。

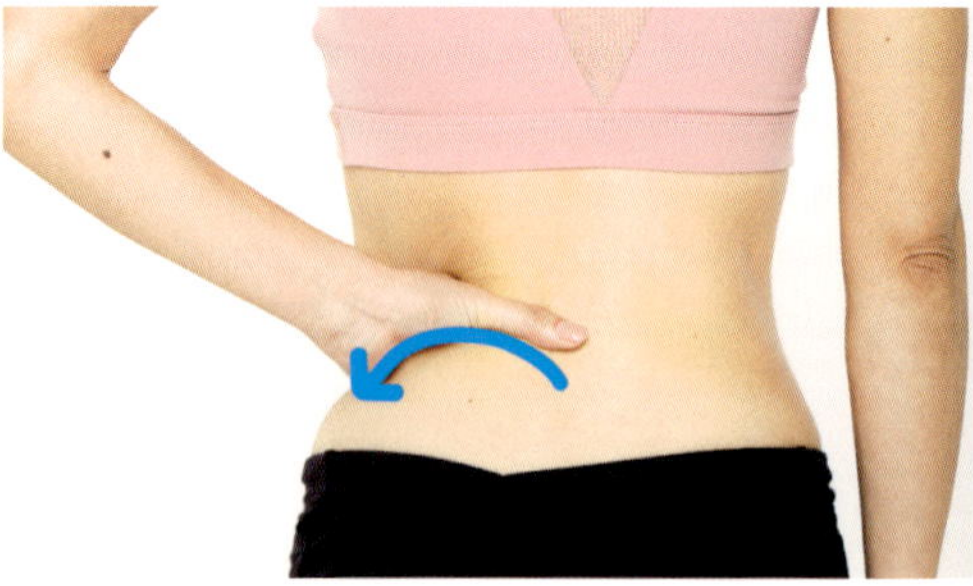

2

骨盤に沿ってお腹側に手をスライドさせて脂肪を流す。

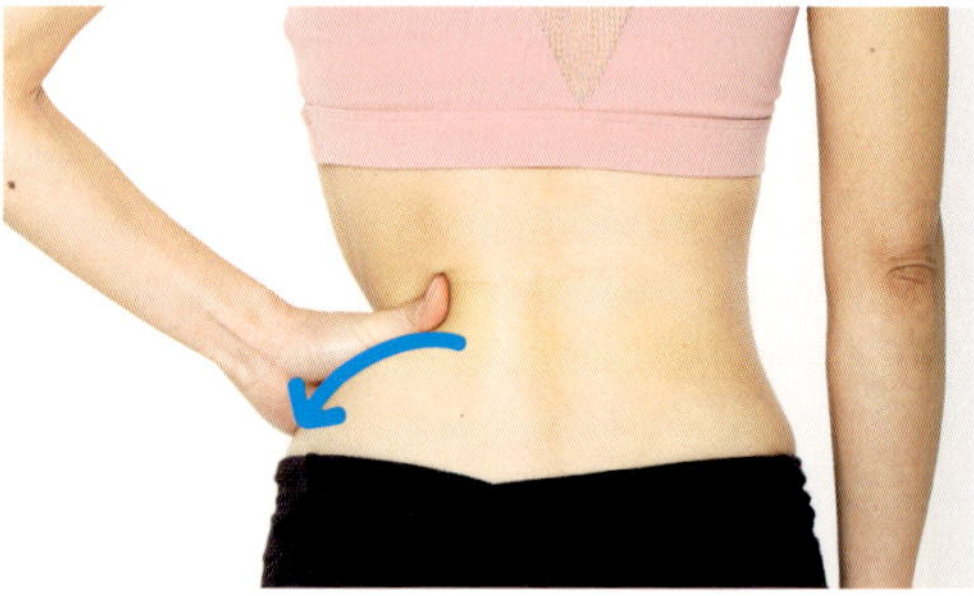

3

左手親指がわき腹を過ぎたら、親指も四指と揃えて鼠径部に向けて脂肪を流す(右側も同様に行う)。

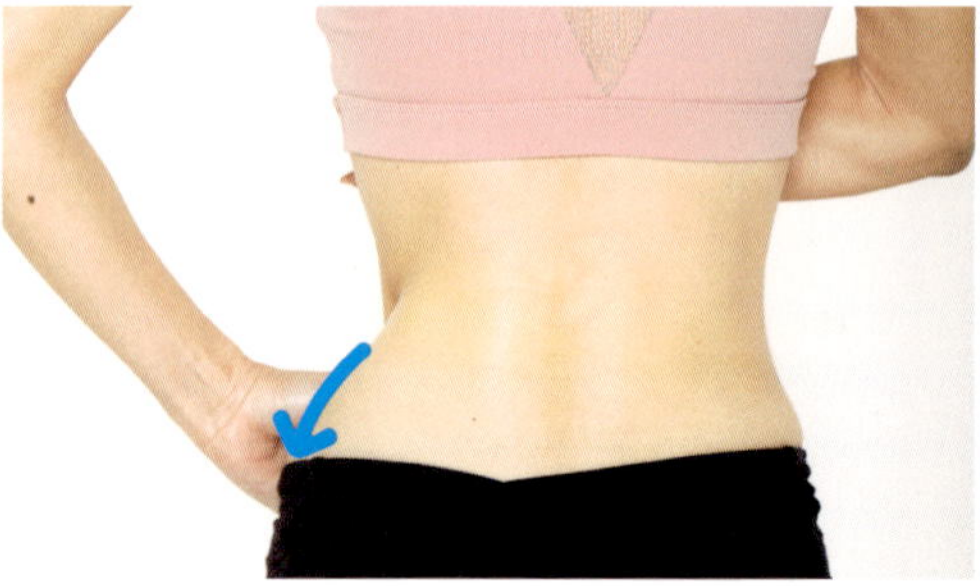

クリームをつけて行う「基本のくびれマッサージ」は朝晩ですが、1回の回数や時間にはこだわらず、ご自身が無理なく継続できる範囲で行ってください。また、トイレに行くたびに行うなど、日常生活の中でクセづけてください。

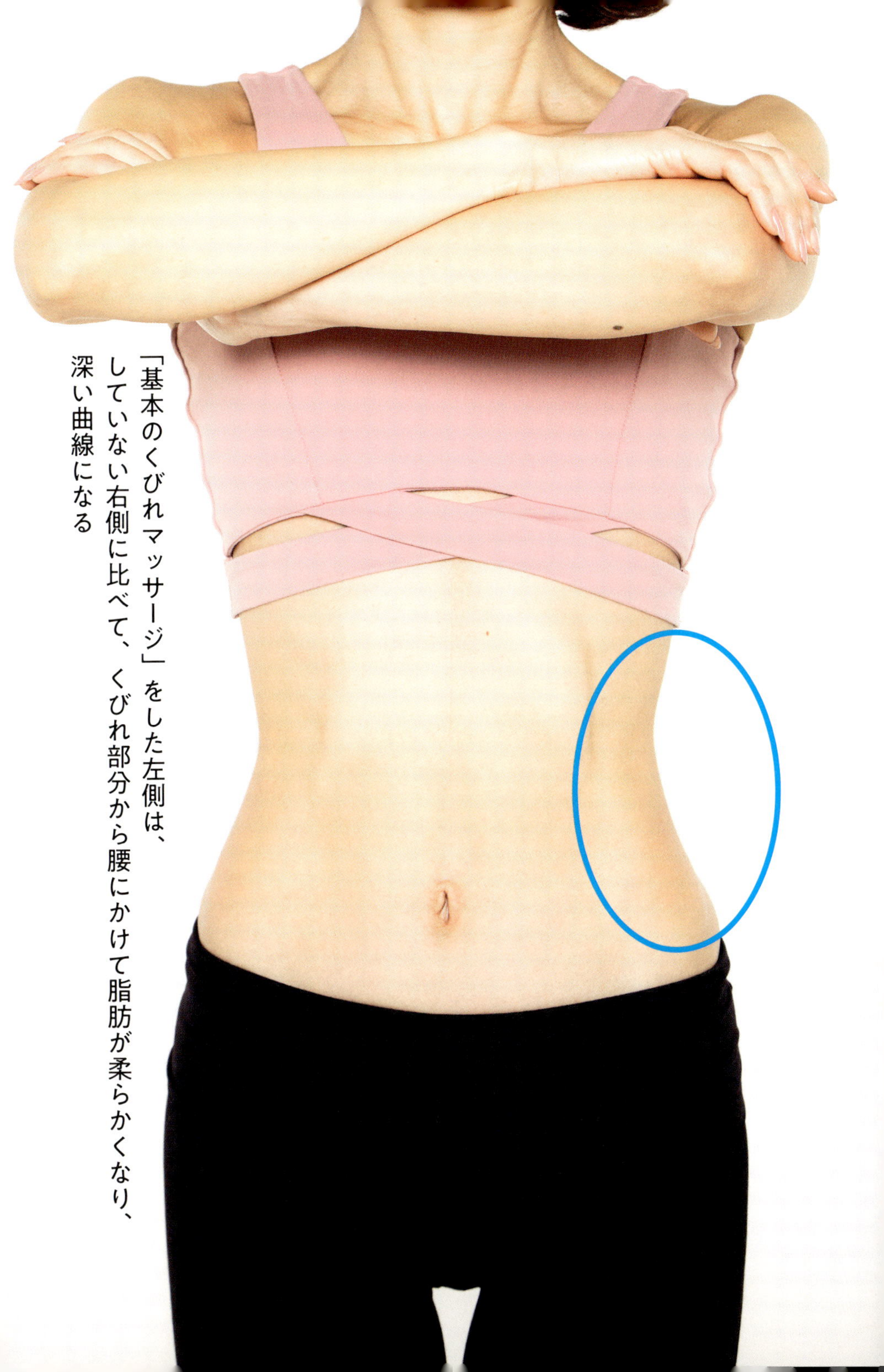

「基本のくびれマッサージ」をした左側は、
していない右側に比べて、くびれ部分から腰にかけて脂肪が柔らかくなり、
深い曲線になる

くびれ作りのための「背中マッサージ」

くびれを作るのに背中は関係ないように思われるかもしれません。でも、じつは背中はくびれ作りにとても大切な場所なのです。

くびれを作るためのわき腹の筋肉は、背中につながっています。ですから、背中の筋肉もほぐして柔らかくしておく必要があるのです。

また、猫背など前かがみの姿勢でいると、肋骨と骨盤の間の部分が狭まってしまいますが、背中がほぐれるとよい姿勢をキープしやすくなります。

1

両足を肩幅の広さに開いて立つ。このとき、重心がどちらかに傾かないよう注意する。

2

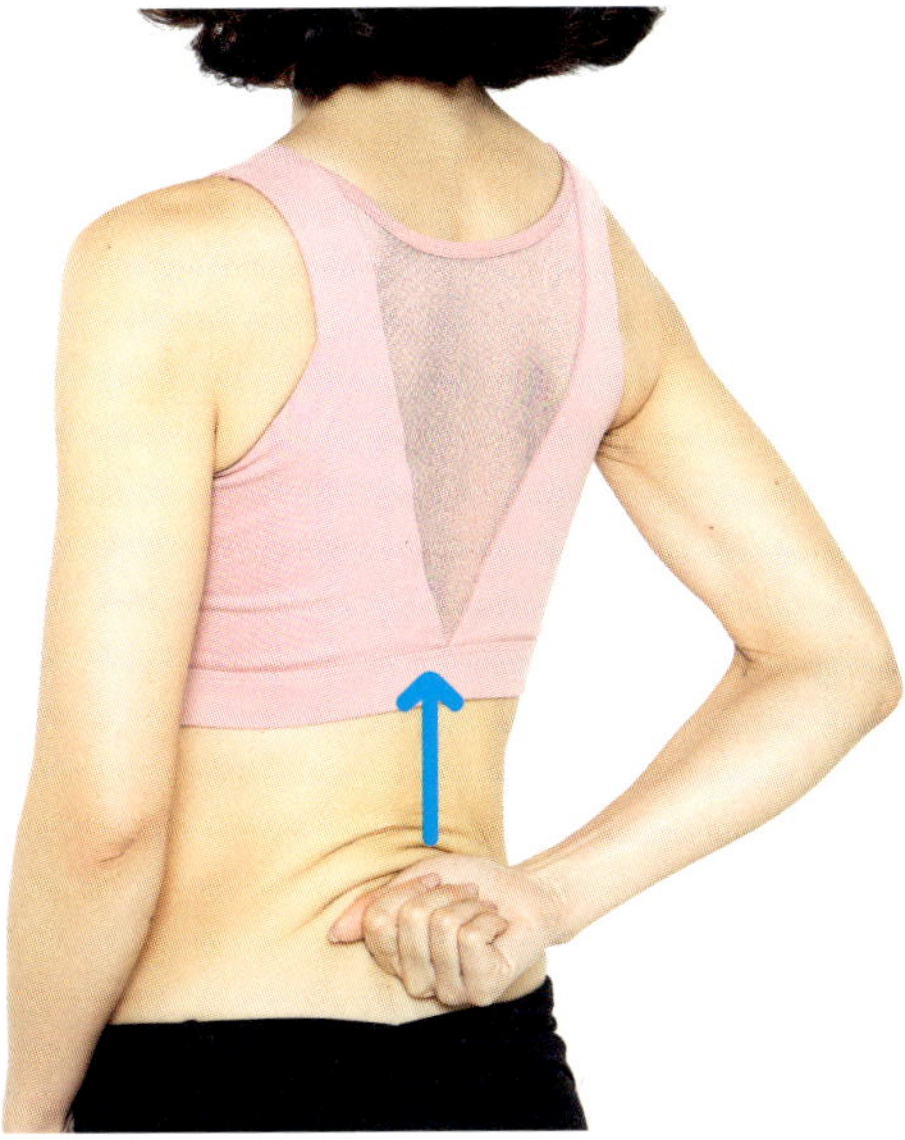

手を握ってこぶしを作り、腰（おへそのちょうど真裏あたり）に当てて、背中の真ん中あたりまでゴリゴリとマッサージする。

3

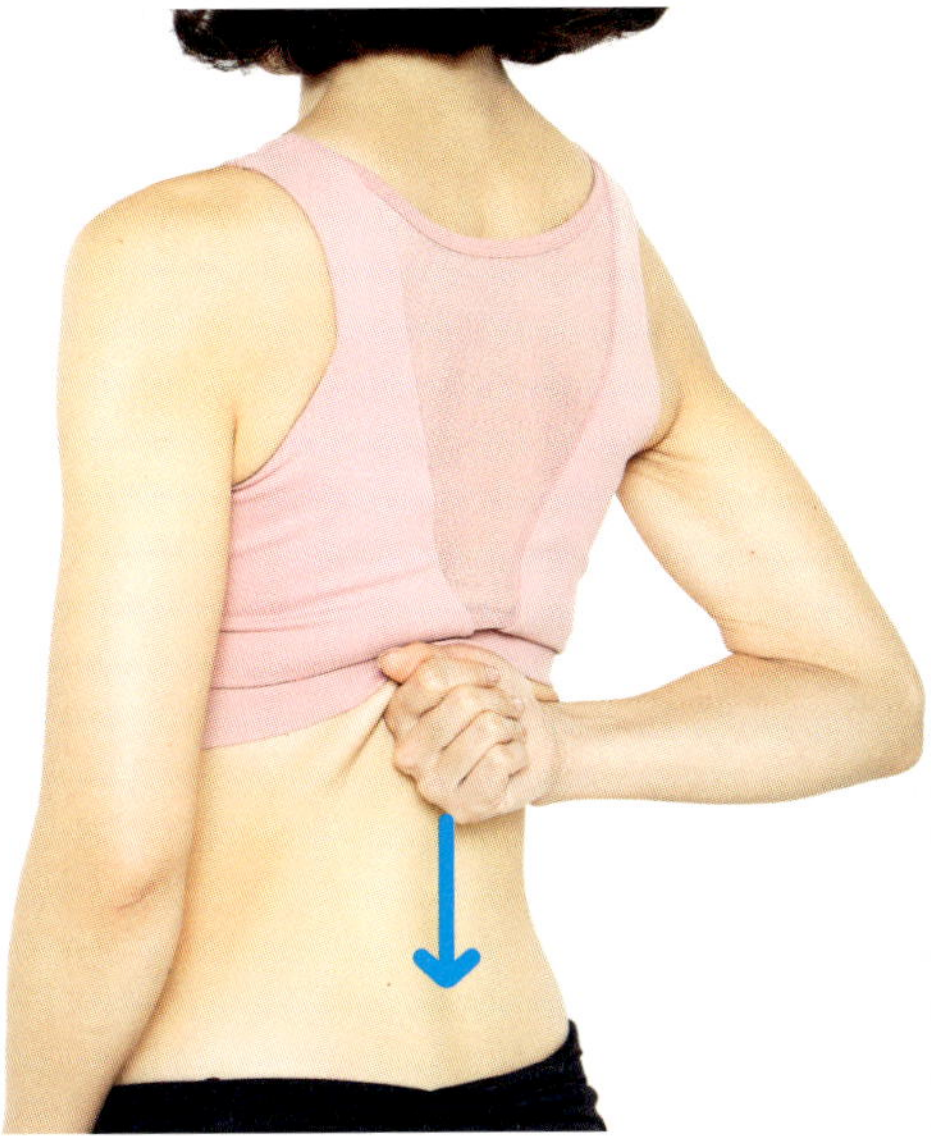

背中の真ん中あたりまできたら、最初にこぶしを当てた腰のあたりまで下ろしていく。これを繰り返す。

Dr.孝志郎による
解説❶

脂肪を柔らかくするメリットとリンパマッサージの効用

みなさんは運動をする際、いきなり体を動かすのではなく、その前にストレッチなどの柔軟体操をされるのではないでしょうか。一流のアスリートほど、柔軟体操に時間をかけますが、その理由はケガを予防し、よいコンディションに体を仕上げることができるからです。

makahou2さんが、「肋骨締め」の前に、「くびれマッサージ」を行っていることは、スポーツ前の柔軟体操と同じようなものと位置付けることができます。これを行うことで、よりしっかりしたフォームで「肋骨締め」ができるようになるでしょう。

さらに、実際の「くびれマッサージ」を行う前に背すじを伸ばす動きをされていますが、これは重要なポイントです。

現代人は姿勢が悪く、猫背になって肋骨と骨盤の間が狭くなっている人が多いのです。ところが、背すじを伸ばすことで、肋骨と骨盤の間を広げることができ、くびれの場所を確保することができるのです。

「くびれマッサージ」では、最初に脂肪をもみほぐしていますが、脂肪は血流が悪い場所です。そのため、事前に肋骨周りの脂肪をもみほぐすことで代謝がアップし、血流がよくなって、骨が動きやすくなるのでしょう。

「背中マッサージ」では、リンパ液の流れがよくなり、むくみを取ることができます。

リンパ管は、老廃物や栄養分を運ぶリンパ液を流す器官で、全身に分布しています。

この流れが滞ると、代謝が悪くなり、むくみやすくなるため、リンパマッサージで流れをスムーズにすることは、美しいボディライン作りに役立つでしょう。

また、お腹周りをマッサージすることは、胃腸を刺激するため、便秘やガスだまりなどが改善される可能性もあります。

最近は、機能性ディスペプシアや過敏性腸症候群など、胃腸の機能自体に問題はないのに、ストレスなど自律神経の乱れで不調が起こる病気も増えています。

胃腸は自律神経とも密接な関わりがありますので、本書で紹介されている「くびれマッサージ」をすることで、こういった慢性的な不調が改善される可能性もあります。

Column 1

数字や後ろ姿は超重要。意識改革であなたも変わる!

私は肋骨締めを始めた頃から、体重、体脂肪などと全身のサイズを毎日ノートにつけ、今はインスタグラムでも公開しています。数字を記録することで、エクササイズや食事が体にどう影響するかがわかりやすくなるからです。体が変わっていくのはうれしく、モチベーションアップにつながります。

また私は後ろ姿も重視していて、頻繁に後ろ姿の撮影を行っています。それは同性として、私自身も女性の後ろ姿がとくに気になるからです。ですから男性よりも、女性からの目線を意識しています。

「後ろ姿には年齢が出る」とよく言われますが、写真に撮ると猫背や背中についた肉、肩の位置、お尻のたるみなどがよくわかり、どこを変えなければいけないかが自覚できます。第三者の目線からの姿を確認したいので、私は後ろ姿を撮影するときは、必ずカメラをどこかにセットして、セルフタイマーで後ろ姿の全身を撮影するようにしています。

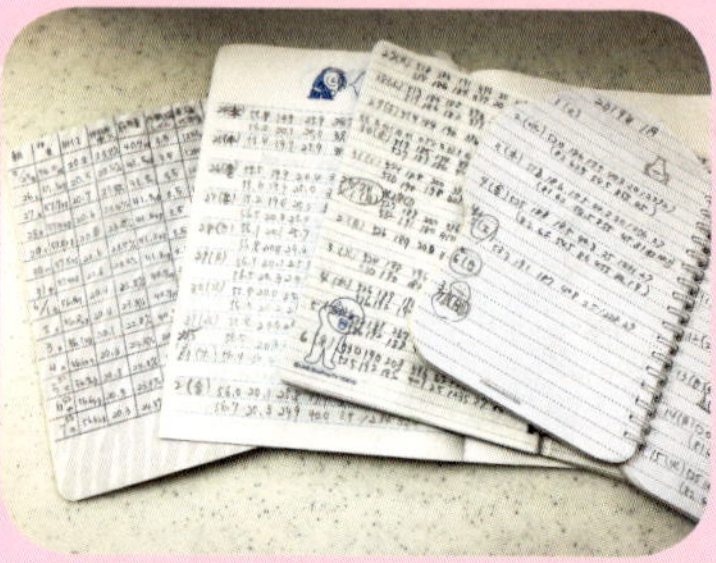

HowTo 肋骨締め

ウエスト
−10cmを目指そう！

Part 2

肋骨締めに必要なものと大切なポイント

いよいよ肝心の「肋骨締め」です。「肋骨締め」に必要なのは、タオル1本だけ。ご自宅にあるタオルで十分です。

ただ、実際に行う際にはある程度の長さが必要となります。体格によって長さも変わってくると思いますが、だいたい120センチ以上のものがいいでしょう。

また、折ったタオルをつかんで締めていくため、厚みのあるものよりはスポーツタオルなど幅が狭いものか、薄手のバスタオルをおすすめしています。

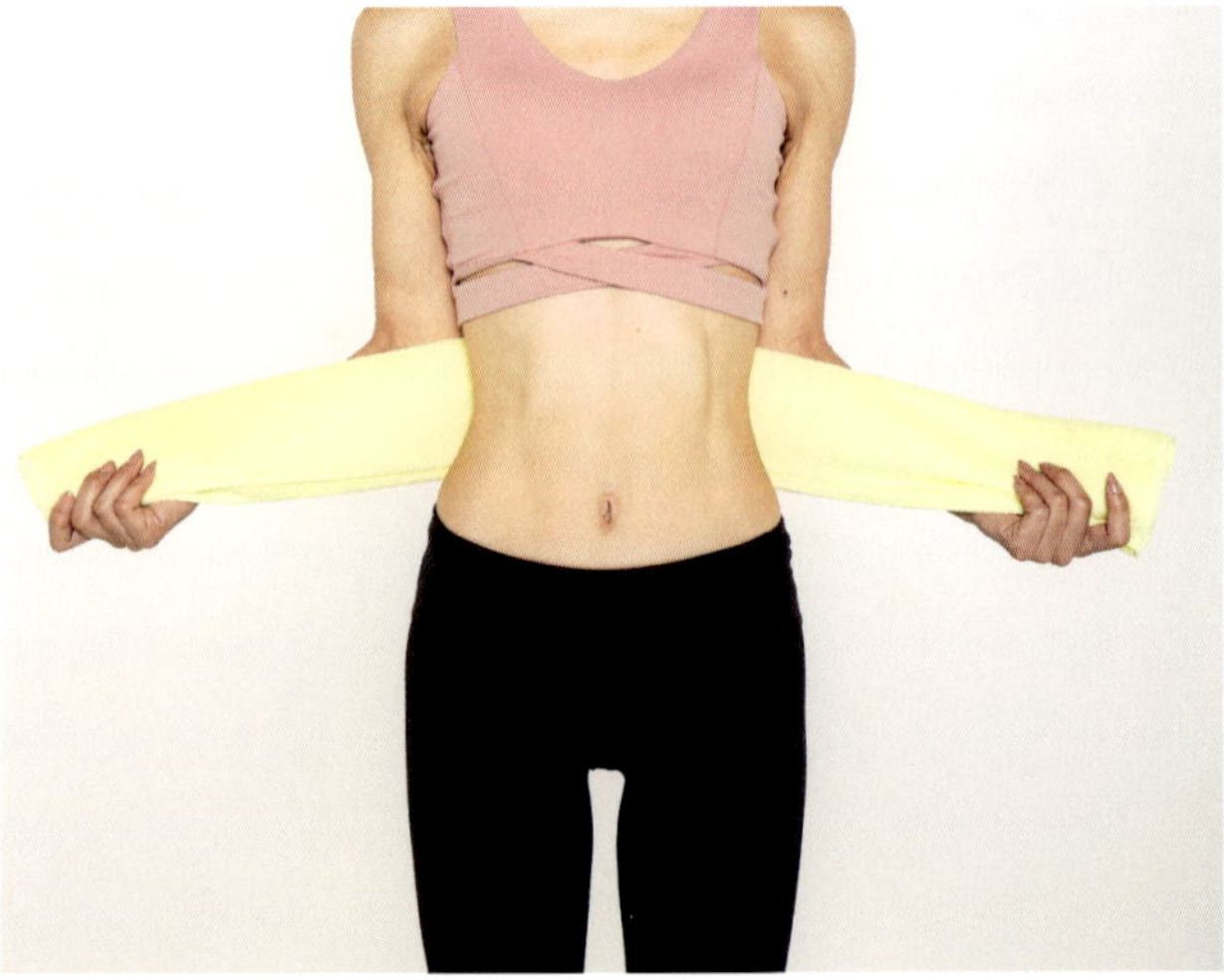

1

長さが 120センチ以上のスポーツタオルもしくは薄手のバスタオルを用意する（ウエストサイズに合わせて適当な長さのものでOK）。

2

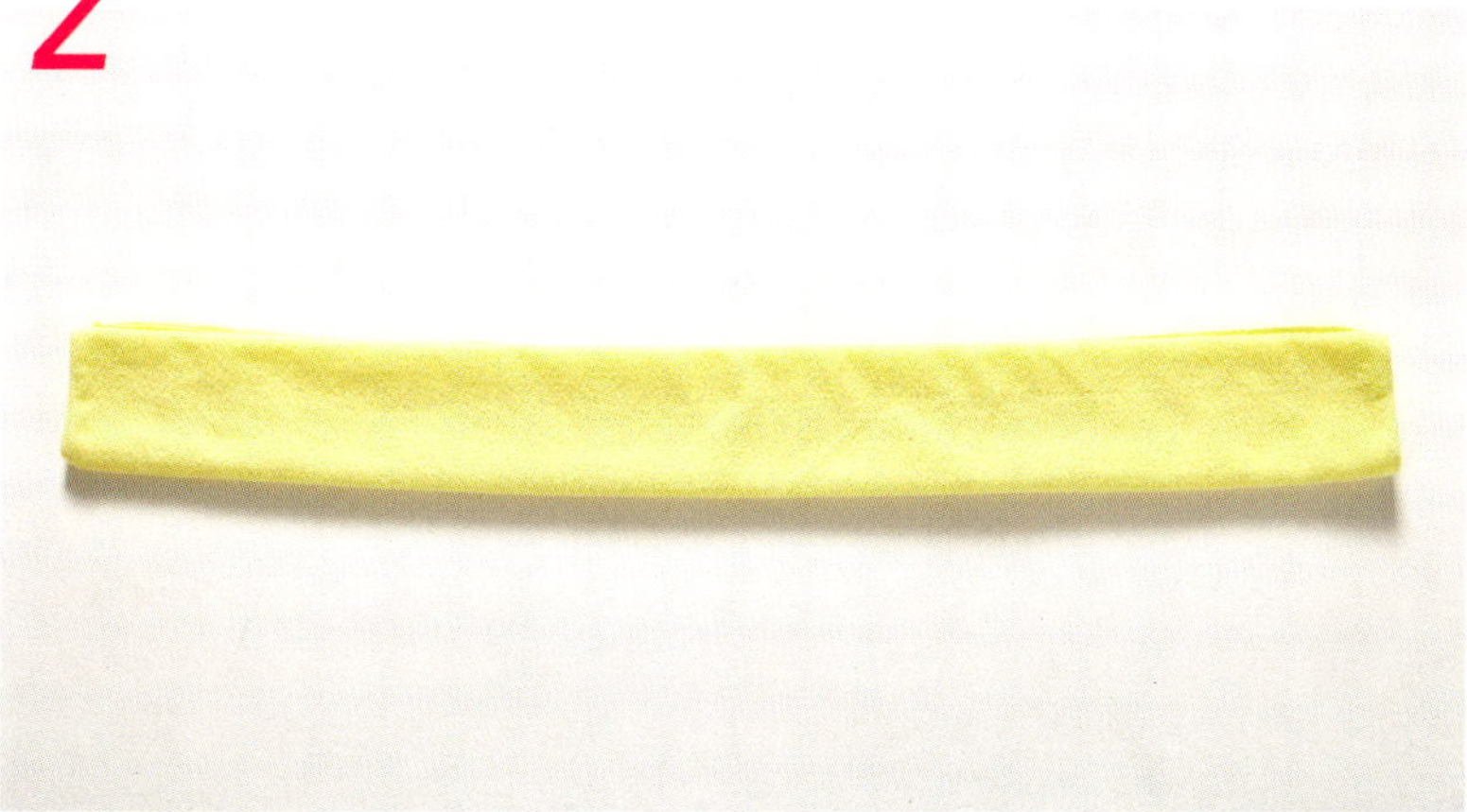

縦に3つ折りもしくは4つ折り（タオル幅による）にし、幅を15センチ程度にする。

基本の「タオル肋骨締め」

「肋骨締め」は、横に広がった肋骨をタオルでキュッと締めるだけという、本当にカンタンなエクササイズです。

昔のヨーロッパでは、貴族の女性がコルセットをきつく締めて、美しいくびれの曲線を作っていましたね。「肋骨締め」はそれと同じようなものですが、四六時中しているわけではないので苦しくもありません。1回3分程度、朝食後や入浴後に行ってみてください。毎日の習慣にして、肋骨に「くびれ」を覚えさせましょう。

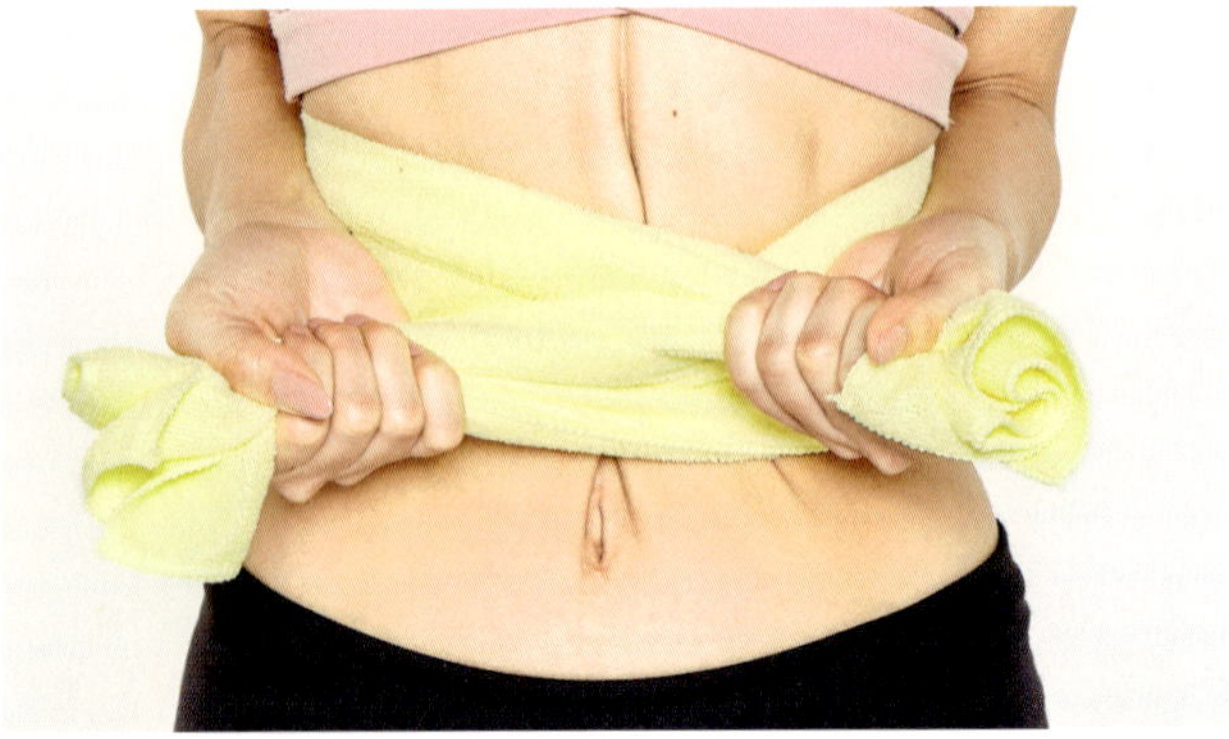

1

肋骨の一番下あたりに巻いたタオルを、正面でクロスさせる。タオルの端をてのひらを上にして持ち、息を吐きながら少し苦しいと感じるくらいまで締めていく。息を吐き切ったら終了。

2

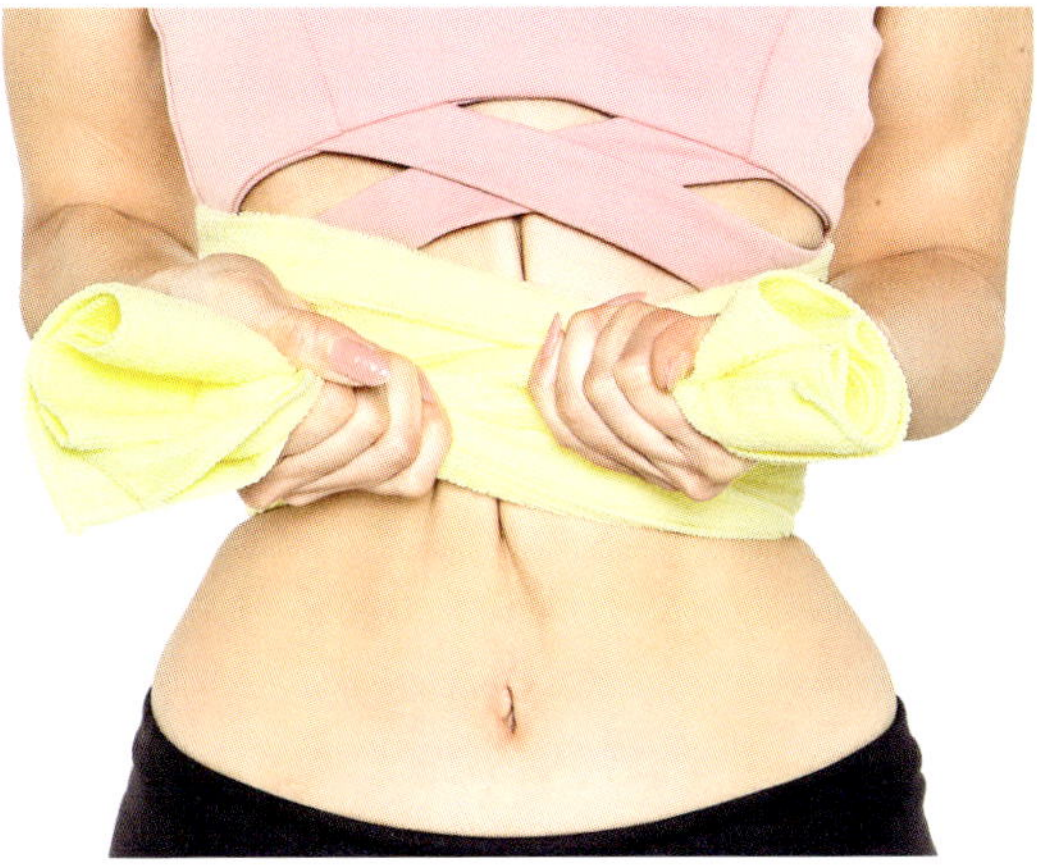

1の場所から5センチ程度上の位置にタオルを巻き、同じようにタオルをクロスさせて、息を吐きながら少し苦しいと感じるくらいまで締めていく。息を吐き切ったら終了。

3

2の場所からさらにもう少し上のアンダーバストの位置にタオルを巻き、同じようにタオルをクロスさせて、息を吐きながら少し苦しいと感じるくらいまで締めていく。息を吐き切ったら終了。

Attention

腹式呼吸を使い、必ず息を吐きながら行う

胸式呼吸で息を吸ったときのお腹の状態

腹式呼吸で息を吸ったときのお腹の状態

呼吸法の違いは吸うときのほうがわかりやすいので上記写真で説明していますが、「肋骨締め」は必ず「腹式呼吸で息を吐きながら」行ってください。

「肋骨締め」を行う際、もっとも気をつけていただきたいのが呼吸です。腹式呼吸はそれだけで腹筋運動にもなりますので、私は日頃から腹式呼吸を意識しているのですが、「肋骨締め」を行うときも必ずこの腹式呼吸で、息を吐きながらやっています。

息を吐くときはほぼ変わりませんが、腹式呼吸で息を吸うと右の写真のようにお腹が膨らみます。一方、胸式呼吸で息を吸うと、肋骨が開きお腹がへこみます。

! Attention

左右均等に力を入れる（肩の位置に注目）

均等でない場合

均等な場合

「肋骨締め」は、左右均等に締めていかないと、きれいなくびれができなくなってしまいます。

　とはいえ、左右均等になっているかどうかを見極めるのはなかなか難しいもの。慣れるまでは鏡の前でやってみてください。どちらか片方に余計な力が入っている場合は、力が入っている側の肩が下がります。左右均等に力が入っているときは、右の写真のように肩の位置が左右まっすぐになります。

! Attention

タオルの長さを見て左右の力の強さに注意

均等でない場合　　均等な場合

均等に力が入っているかどうかを見極めるポイントとして、肩の位置だけではなく、タオルの長さもあります。

どちらかに力が入りすぎている場合は、力が強いほうのタオルの端が長くなります。左の写真では、タオルの端の長さが、左手側は短く、右手側は長くなっていますが、右側のほうが力が強いとこのような状態になります。

「肋骨締め」は、タオルの端の長さを確認するためにも、鏡の前で行うのがベストです。

!Attention

脇を締めること

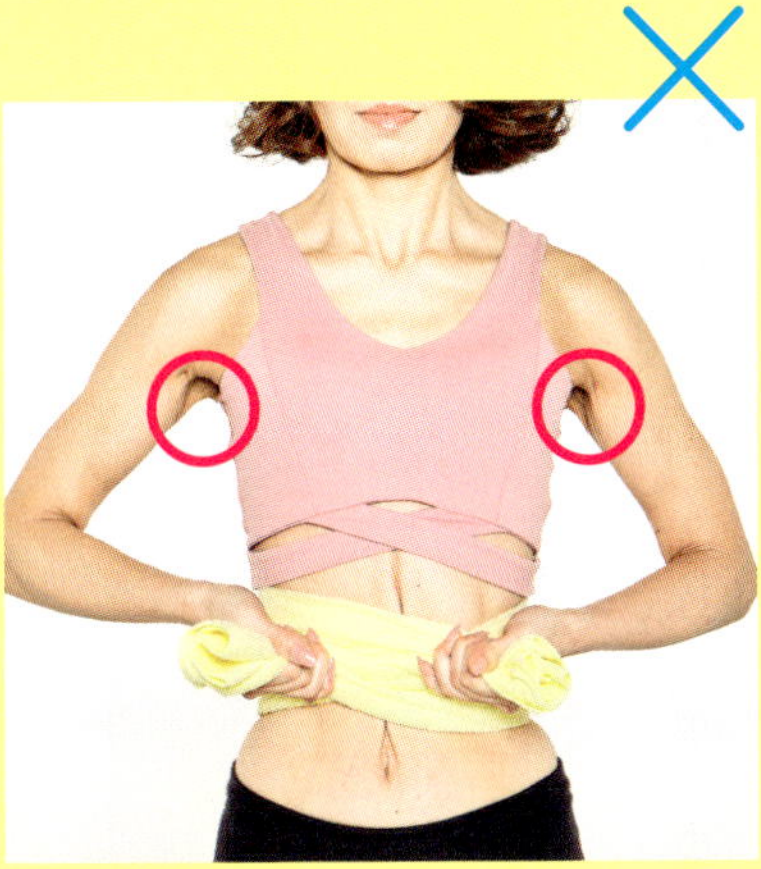

脇を開く

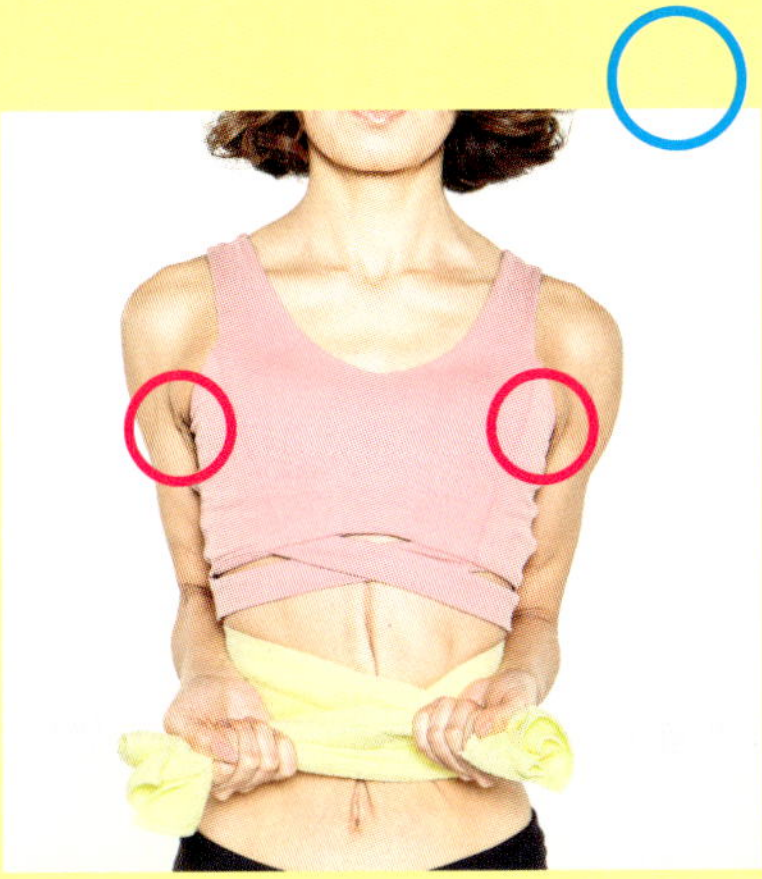

脇を締める

タオルで「肋骨締め」を行う際に、もうひとつ大切なことがあります。それは、必ず脇を締めて行うことです。脇を開いて「肋骨締め」を行うと、肩が閉じられ、必要以上の力が入って骨折の恐れもあるからです。逆に力が入らなすぎて効果が出ない可能性もあります。

「肋骨締め」を行う際は、てのひらを上にしてタオルをつかむのですが、このつかみ方の場合、脇を締めていないと上手に力を入れにくいのです。

日常の「両手で肋骨締め」

外出先でも気軽にできるのが、両手で行う「肋骨締め」です。これならば、カフェでお茶を飲んでいるときや、デスクワークの合間などにもできるのではないでしょうか。

タオルで行う「肋骨締め」との大きな違いは、ひじを体の横でキープして、脇を締めずに行うこと。

肋骨は、1日に何度も締められることで、くびれの形を覚えていきます。場所を選ばないこの方法で「肋骨締め」をクセづけてしまいましょう。

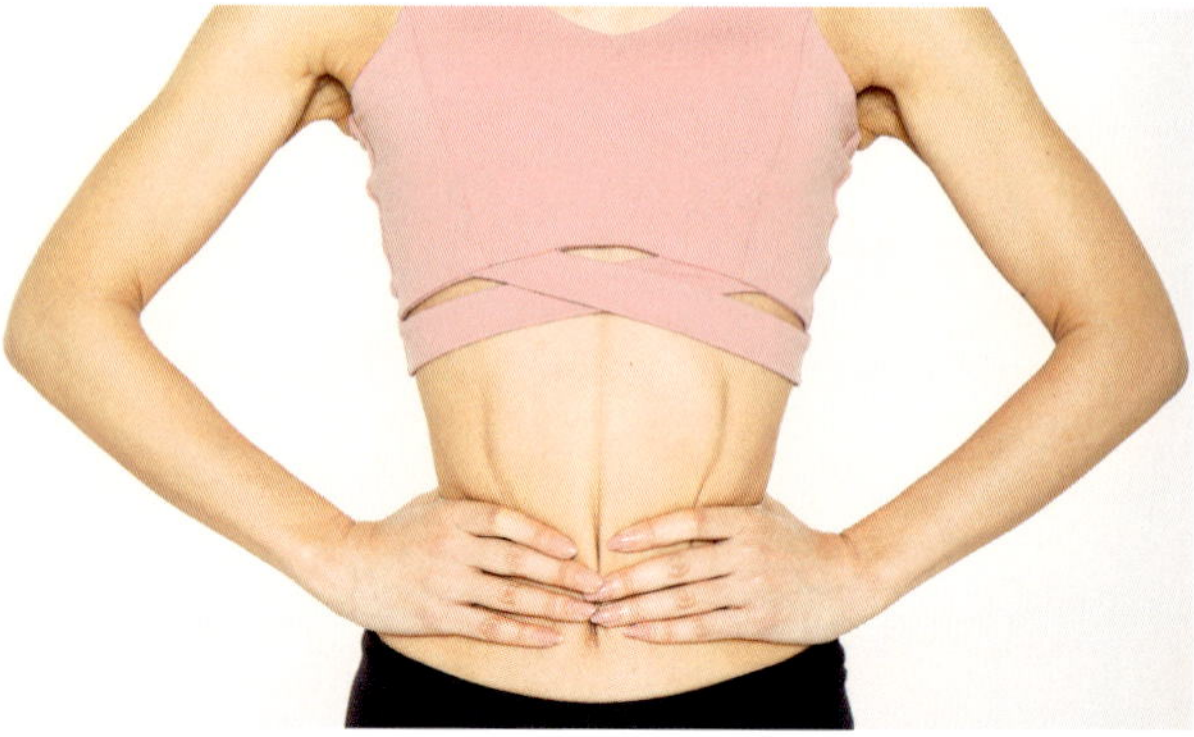

1

骨盤の上に左右の小指が乗る位置に両手を置き、脇を開いた状態で息を吐きながら、少し苦しいと感じるくらいまで締める。

2

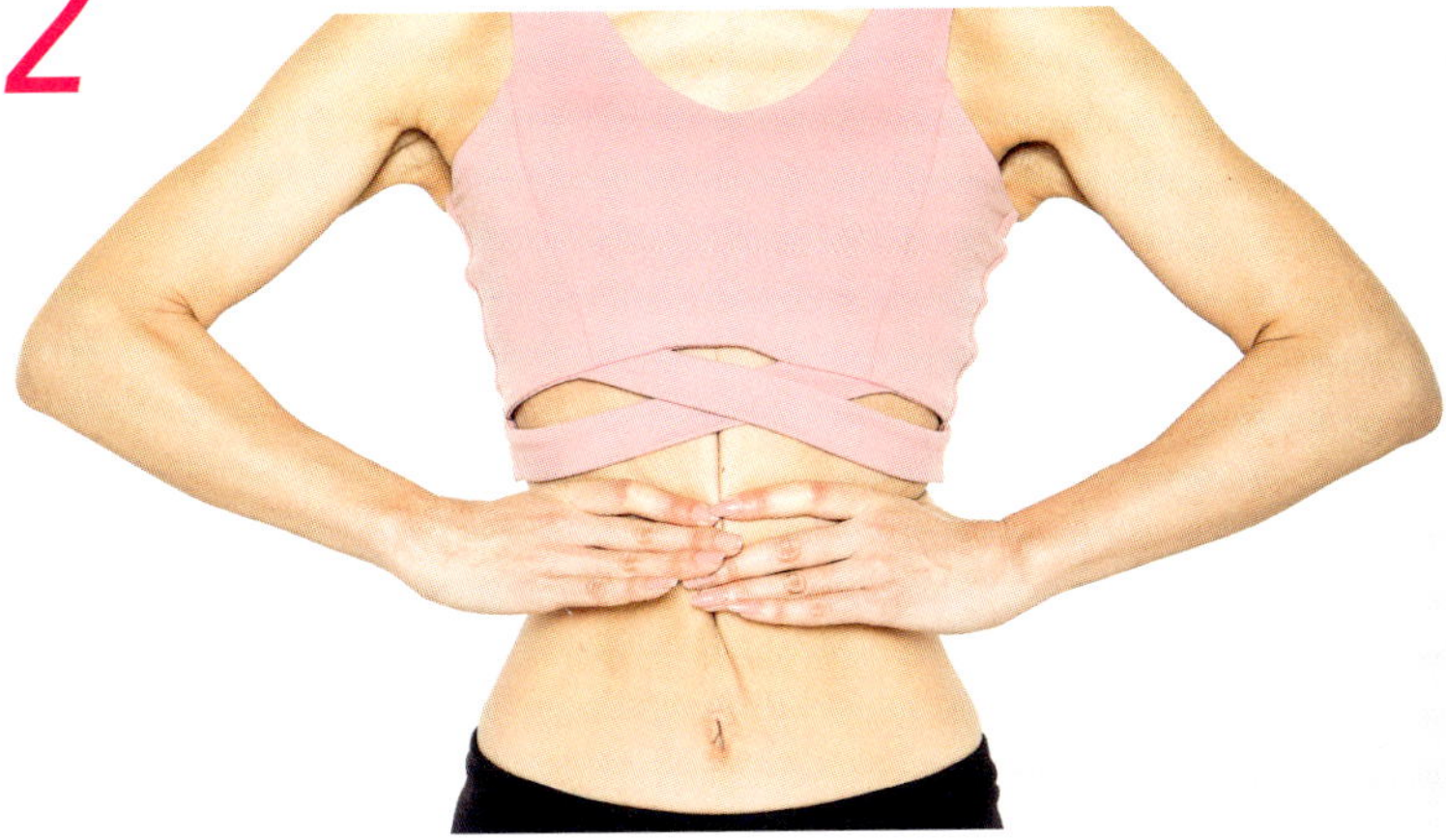

肋骨の一番下の骨に左右の人差し指がくる位置に両手を置き、脇を開いた状態で息を吐きながら、少し苦しいと感じるくらいまで締める。

3

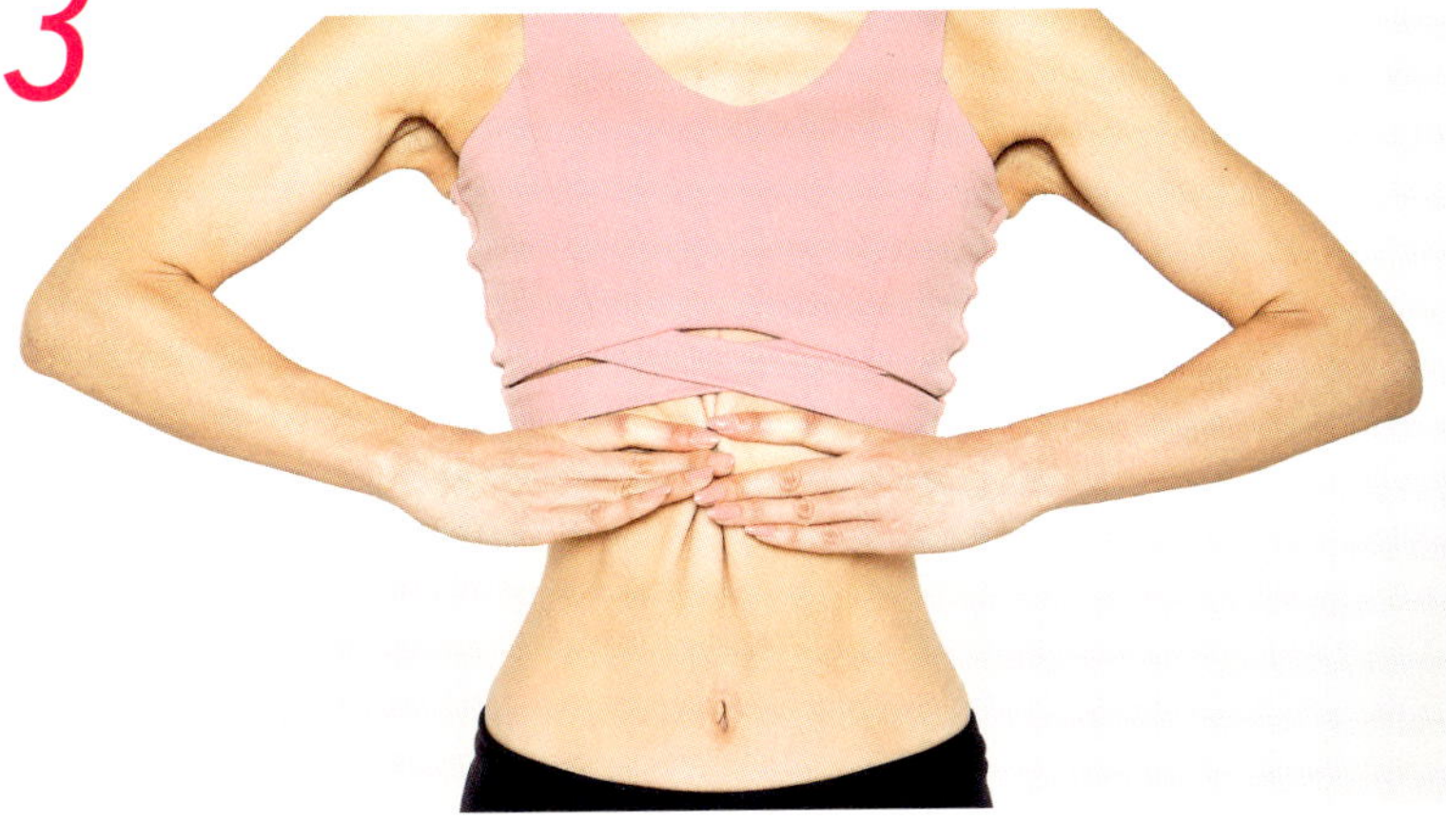

アンダーバストの位置に両手を置き、脇を開いた状態で息を吐きながら、少し苦しいと感じるくらいまで締める。

Attention

肩を開いて力を抜こう

肩を閉じて力を入れた状態

肩を開いて力を抜いた状態

両手で「肋骨締め」を行う際、肩を閉じると、上半身に不自然に力が入ってしまいます。その状態で肋骨を締めても効果はありませんし、骨折の危険性も出てしまいます。

両手で「肋骨締め」を行うときには必ず肩を開いて、上半身の力を抜いた状態でチャレンジしてください。肩を開くことは、肩甲骨を寄せることとイコールです。難しいなと思ったら、左右の肩甲骨をまん中にくっつけるような気持ちで行いましょう。

! Attention

親指は前側・後ろ側どちらでもOK

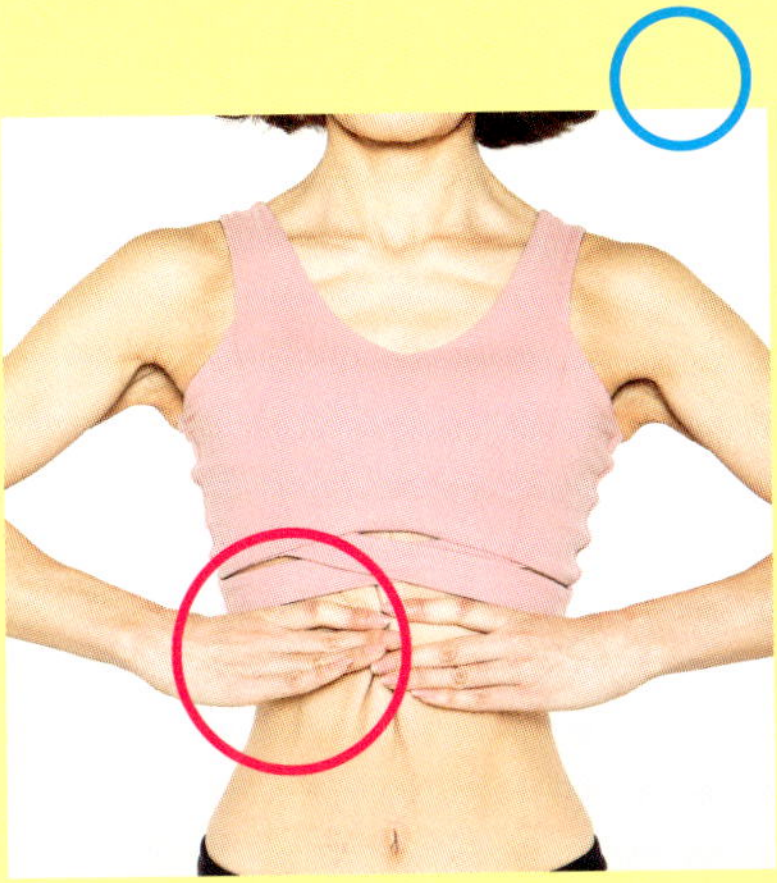

親指を背中側に置いて
前後から締める

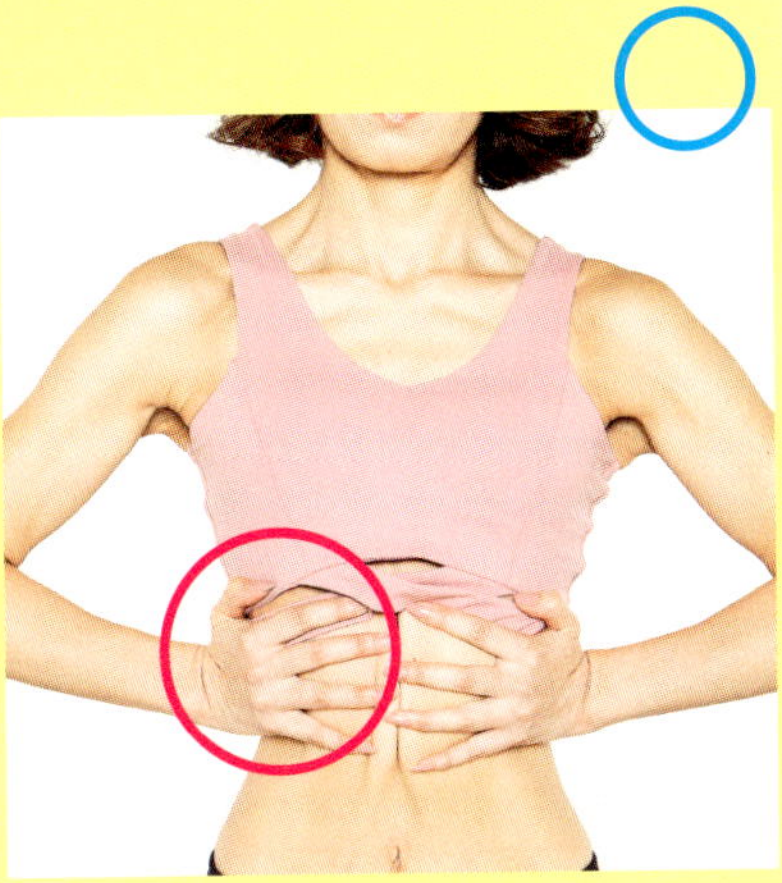

親指を他の指と揃えて
前側から締める

人によって手の大きさが違いますので、両手で「肋骨締め」を行う際、親指を背中側に回して締めるのが難しい方もいらっしゃるかもしれませんね。

「肋骨締め」は背中側ではなく、体の正面・お腹側に締めていくものですので、右の写真のように親指を他の指と揃えて、前側から行うのでも問題ありません。どちらでも、ご自分がやりやすい方法で行えるのも「両手で肋骨締め」の特徴です。

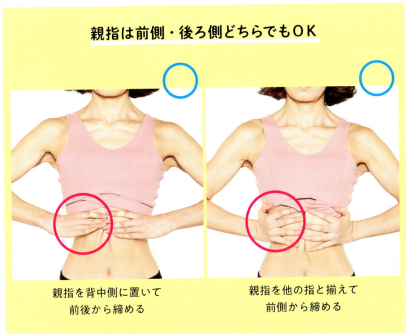

Dr.孝志郎による
解説❷

「肋骨締め」の効用

「肋骨締め」は、姿勢を整え、美しいボディラインに不可欠なウエストのくびれを作る画期的な方法です。

じつは肋骨は、腕や足などのまっすぐな太い骨とは異なり、柔軟な骨なのです。膨らんだり縮んだりする柔らかい骨で、弓のようにしなやかです。

肋骨と胸骨をつないでいるのは軟骨で、丸みがあって変形しやすいのも特徴です。

一方で、肋骨とは人間の体にとって〝鎧〟のようなものと考えてください。

肋骨の中には呼吸に関わる心臓・肺という急所があります。これらは生きるためにとても大切な臓器です。いわば、命に直結する臓器を守ってくれているのが肋骨なのです。

そのため、肋骨を締めることで、「内臓に負担がかかるのでは？」と不安になる人もいらっしゃるかもしれませんね。でも、位置的には肋骨から内臓まではある程度の余裕があるので、自分で肋骨を締めるくらいならば問題はありません。

また肋骨は、転倒した際などに折れることが多いのが特徴です。

とはいえ、肋骨は非常につながりやすい骨なので、たとえ骨折したとしても手術をしたりすることは少なく、コルセットをつけて自然につながるのを待つことが多いのです。

肋骨は職業によって形が異なります。デスクワークを主としていて、パソコンを多く扱う人は、前かがみになって、肋骨が横に広がりがちです。

そういった肋骨のゆがみを整えるのに、肋骨締めは役立つでしょう。

makahou2さんのように毎日「肋骨締め」を行って動かしていけば、骨格を変えていくことは可能です。

骨格が変わるのにともない、アンダーバストやウエストのボディラインも当然変わるので、サイズダウンする人が多いのはうなずけます。

ただし、「肋骨締め」で力を入れすぎると折れてしまう可能性も否定はできません。ですから、ギュッと締めるのではなく、肋骨にクセをつけるようなイメージで行いましょう。

「肋骨締め」は1日に2回行うだけで、1週間後にはウエストが数センチ細くなるほどの即効性が期待できます。

昔のヨーロッパの貴族の女性はコルセットなどでお腹周りを締めて細いウエストを作っていましたが、肋骨締めもそれに近いものがあります。

ただし、肋骨は締めることで狭くすることができると同時に、気を抜くと開きがちな骨でもあります。生活のクセで元に戻りやすい骨でもあると認識し、2～3か月は続けて「肋骨締め」を行うことで、締まった骨格を形状記憶させましょう。

さらにmakahou2さんは「肋骨締め」を、腹式呼吸で息を吐きながら行われています。

腹式呼吸で深く吸って深く吐き、エネルギーを使って代謝をアップさせているので、やせやすい体を作れるのだと言えるでしょう。

また、ストレスを抱えている人が過呼吸の発作を起こすことがありますが、呼吸はメンタル面と深いつながりがあります。ストレスを感じると呼吸は浅くなりますが、毎日「肋骨締め」を行ってゆっくり深い呼吸をすることで、ぐっすり眠れるようになり、ストレスが緩和できるかもしれません。

肋骨をタオルで締めるときは、てのひらを上にして下から持つのもポイントです。上から持つと肩甲骨が開き、前かがみになりがちですが、下から持つことで肩甲骨が寄せられ、姿勢がよくなるからです。

お金も手間もかからずに、いつでもどこでもできる「肋骨締め」で、みなさんも理想のくびれラインを目指してください。

下半身やせウォーキング＆
全身ほぐしでくびれ倍増

オプション・エクササイズ

Part 3

くびれをさらに美しく見せるには……？

ウォーキング

私がウォーキングを行うのは、ちょっと体重が増えてボディバランスが崩れてきたなと思うときです。ウォーキングは景色を見ながら無理なくできるのでおすすめの有酸素運動です。

私のウォーキング法は姿勢と呼吸を意識しながら行うので、自然に背すじを伸ばすことにつながっていると思います。姿勢が美しいと、くびれもきれいに見せることができるので、ぜひチャレンジしてみてください。

全身ほぐし

全身ほぐしを行う一番の理由は、脂肪と筋肉を柔らかくすることで、脂肪燃焼をしやすくするためです。女性らしい曲線には最低限の脂肪が必要ですが、つきすぎてしまっては、くびれがなくなってしまいます。

また、全身をほぐすことで脂肪とともに筋肉も柔らかくなり、リンパ液の流れもよくなって、老廃物を流すことにつながります。

さらには、肩や背中のこりも解消され、足のむくみなどもなくなります。

いいことずくめの全身ほぐしですので、みなさんも習慣づけてくださいね。

下半身やせウォーキング術・基本事項

時間は？

ウォーキングをするときは必ず、1時間ちょっとかけて行っています。距離にすると、だいたい6～7キロメートルくらいです。たまに目的を持って長距離ウォーキングをするときもあり、そういうときは15キロメートルくらいでしょうか。あくまで無理なく楽しめる程度でいいと思います。

いつがいい？

私は朝にウォーキングを行うことが多いです。脳や筋肉を目覚めさせるのと同時に、朝の太陽や空気をたくさん浴びたいからです。とはいえ、ウォーキングにおすすめの時間というのはとくにありません。みなさんの生活リズムに合わせて、続けられる時間に行えばいいと思っています。

持ち物は？

基本的にはスマートフォン、携帯型音楽プレイヤー（イヤホンつき）をウエストバッグに入れて行っています。夏はこれらにプラスして水分補給のため、BCAA（必須アミノ酸含有）ドリンクを腰に巻いて歩いています。

服装は？

夏は写真左のようなタンクトップにレギンス、春秋は写真右のようにタンクトップの上にパーカーを羽織り、レギンスの上に短パンを穿くことが多いです。真冬はレギンスではなく、スエットを穿いています。また、日焼け防止のため、通年で帽子・サングラス・フェイスマスクをつけています。一見怪しい姿ではありますが、今ではすっかり慣れ、人目も気にならなくなりました。

意識していることは？

まずは姿勢です。この後のページで詳しく説明していますが、P58の*3*の写真のように、頭・耳・肩・骨盤からくるぶしまでが一直線になるような踏み込み方をしています。また、ウォーキング中も腹式呼吸を行っています。ウォーキングの醍醐味は、自然を感じられること。日々移り変わる四季折々の景色を楽しみながら行ってくださいね。

ウォーキング前に……肩甲骨をほぐす準備運動

私はウォーキングを、頭からくるぶしまで一直線になる姿勢を意識したうえで、腹式呼吸をしながら行っているので、上半身がとても疲れます。そして、この姿勢は肩甲骨を寄せて肩を開かなければできないものなので、ウォーキングの前には必ず準備運動として肩甲骨をほぐすのです。

この準備運動は猫背防止にもなりますし、ウォーキングの途中、信号で止まったときにも気軽にできますので、ぜひ取り入れてみてください。

1

両手を後ろで組んで、ゆっくりと腹式呼吸で息を吐きながら左右の肩甲骨を寄せる。その後、両手を組んで上にあげ、縦方向に体を大きく伸ばす。

2

両腕を上にあげたまま、右手で左手の手首をつかみ、右手で左腕を引っ張るように上体を軽く右側に倒し、息を吐きながらわき腹を伸ばす。反対側も同様に。

3

両腕を上にあげたまま、左手を内側に曲げ、右手で左ひじをつかみ、右斜め下方向に力を入れて左わき腹を伸ばす。反対側も同様に。

4

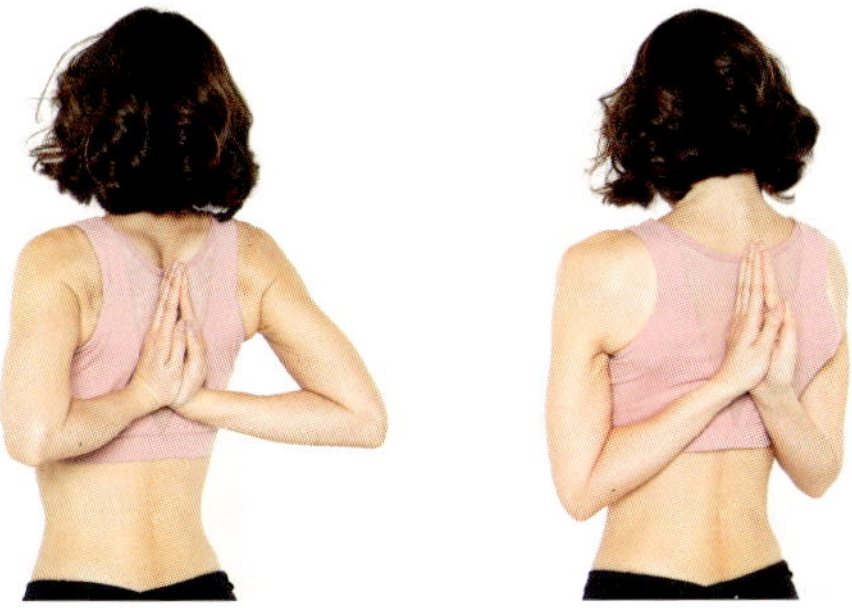

両手を背中に回し、てのひらを合わせて拝むような形にする。そのままの状態で背骨に沿って合わせたてのひらを上下させる（できる範囲でOK）。

makahou2流・ウォーキングの5大ポイント

❶肩・肩甲骨

悪い姿勢で歩くと、ウォーキングの効果が半減してしまいます。肩甲骨を意識して肩を開き、首を上に伸ばして猫背・巻き肩にならないようにしましょう。

❷腕振り

ウォーキング時の腕振りは、歩く速度を上げるだけでなく、二の腕やせにもつながります。腕を「前に振る」のではなく「後ろに引く」ことを意識しましょう。

❸骨盤・お尻

お尻にムダな力を入れず、骨盤が地面と平行になるよう意識します。骨盤が地面に対してフラットな状態で歩くと、自然に腹筋と背筋が鍛えられます。

❹足の運び

「歩く」というよりも「足を前に踏み込む」という感覚で、下半身のどこにも力を入れないのがコツ。この歩き方だと足が疲れないので楽しく続けられます。

❺呼吸

ウォーキング中も基本は腹式呼吸です。ただし、腹式呼吸で歩くとかなり疲れてしまいますので、ときどき胸式呼吸も取り入れながら行っています。

❶肩・肩甲骨

肩を開き、肩甲骨を寄せ、下に下げる。
上半身が上から吊られているようなイメージで首を伸ばす。

×

○

〈正面〉肩を閉じると写真左のように猫背・巻き肩になる。

×

○

〈背面〉肩を閉じると写真左のように猫背になる。
ウォーキング時は常に肩甲骨を意識して写真右のように肩を開く。

❷腕振り

ウォーキングをする際は腕の振り方に気をつけましょう。

写真左のように腕を前に振っている方を多く見かけますが、これだと肩が内側に入って姿勢が悪くなり、スピードもダウンしてしまいます。

まずは肩を開いて下ろし、鎖骨と胸筋を意識しましょう。肩甲骨を寄せ、ひじで後ろにある壁をノックするイメージで、腕を引くように振ります。こうすると歩く姿が美しくなるだけでなく、二の腕の引き締めもできて一石二鳥です。

❸骨盤・お尻

歩くときには、骨盤が地面に対してまっすぐになるように気をつけましょう。とはいえ「骨盤をまっすぐ」と言われても、少しわかりにくいかもしれませんね。

上の写真を見ていただくとわかりやすいですが、骨盤が前傾していると写真左のようにお尻が出て、頭・耳・肩・骨盤からくるぶしまでが一直線になりません。下腹部と背筋、お尻の上部を意識して、写真右のように骨盤をまっすぐにして歩きましょう。

❹足の運び

4 3 2 1

1 かかとを上げて重心を上げた足に移動させる。
後ろ足は蹴らず､「歩く」というより「足を前に出す」という感覚で。

2 歩幅は狭めで、かかとから着地する。

3 先に出した足が地面についたときには、
頭・耳・肩・骨盤・くるぶしまでが一直線になるように踏み込む。

4 次の足も同じように踏み出し、
着地のときには頭からくるぶしまで一直線になるよう意識する。

私はウォーキングをしても、下半身に疲れを感じることがありません。けっこう早足で歩いているので、多少の筋肉疲労はあると思いますが、それを感じるまでにはならないのです。

その理由は、おそらく上半身を引き上げ、下半身（お腹やお尻を含む）にはまったく力を入れずに歩いているからではないかと思います。

右ページの「足の運び」のプロセスでも解説していますが、私のウォーキング法は「歩く」というより、「片足ずつ足を前に踏み込む」という感じです。後ろ足で蹴り出すこともしません。ですので、ふくらはぎやハムストリング（太ももの後ろ側の筋肉）に力が入らないため、足が疲れないのだと思います。

歩幅は狭めで、こまめに足を前に出しています。歩幅を広くすると、どうしても足に力が入ってしまうからです。前に出した足が着地するときには、必ずかかとから地面につけます。こうすることで、前傾姿勢になることを防げているのではないでしょうか。

ウォーキングは、四季折々の自然を感じられる楽しい有酸素運動です。一度「楽しい！」と思えたら無理なく続けられますので、参考になさってください。

❺ 呼吸

両脇の肋骨に両手を当てたとき
肋骨が広がらないような呼吸法が腹式呼吸です。

胸式呼吸（息を吸っているとき）

腹式呼吸（息を吸っているとき）

お腹が膨らむことで、
腹筋の線が薄くなっている

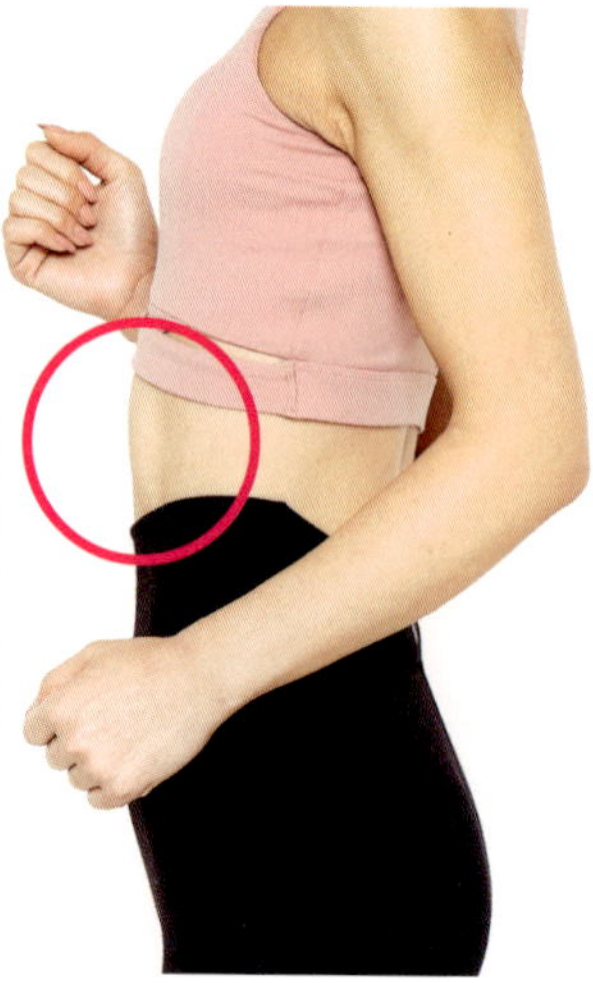

腹式呼吸で吸う

息を吐くと、
腹筋の線がはっきりしている

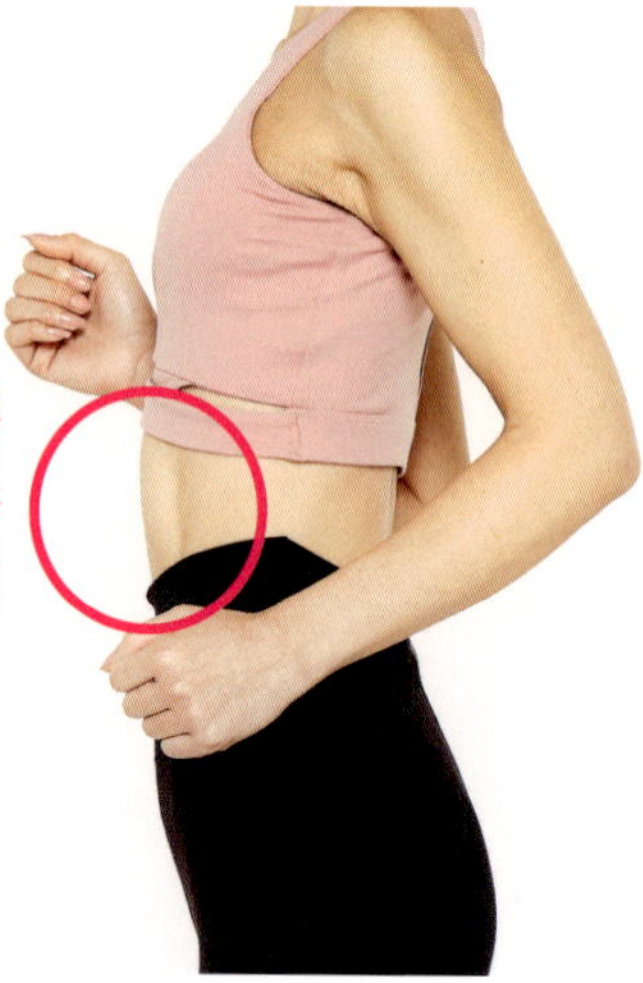

腹式呼吸で吐く

私は常に腹式呼吸で生活しています。ウォーキング中ももちろん腹式呼吸です。ただし、腹式呼吸で歩いていると、上半身がコンパクト（肋骨が締まり、肩甲骨を寄せている状態）になるので、約7キロのウォーキング中、10回くらいは胸式で大きく息を吸って、骨のストレッチをするようにしています。

とはいえ基本はやはり腹式呼吸です。では、なぜ胸式呼吸をしていないのかというと、腹式呼吸では横隔膜の動きによって呼吸をしているのに対し、胸式呼吸は肋骨筋を動かして胸腔を広げる呼吸法だからです。胸腔とは、肋骨に守られた心臓や肺がある部分のこと。つまり、胸式呼吸を続けていると、せっかく「肋骨締め」で締めた肋骨が広がってしまうのです。ですからウォーキング中も腹式呼吸で歩き、たまに意識して胸式呼吸をしています。

右ページの上の写真は、腹式呼吸と胸式呼吸の両方の「息を吸っているとき」のお腹の状態です。下の写真を見ればよりわかりますが、息を吸うときにお腹が膨らみ、吐くときにお腹がへこむのが腹式呼吸です。胸式呼吸は逆になりますので、ご自分の呼吸がどちらなのかわからない場合は、両脇の肋骨に手を当てて呼吸をしてみるとわかりやすいと思います。

Dr.孝志郎による
解説❸

有酸素運動のメリットとmakahou2流・ウォーキングのポイント

有酸素運動とは、長時間継続して行える運動を指します。

ウォーキング、ジョギング、ランニング、サイクリング、水泳、エアロビクスなどが挙げられ、脂肪燃焼や呼吸循環器系の向上、生活習慣病の予防が期待できます。

中でも苦にならず、誰でも楽しく続けられるものとしてはウォーキングが最適でしょう。

ランニングは、これまで運動をしていなかった人がいきなり始めると、足腰を痛めるケースもあります。

また、ランニングを始めてみたものの「キツくて続かなかった」という人も多いので、誰もが継続できる有酸素運動としてはウォーキングがおすすめなのです。

ウォーキングで、より運動強度を上げたい場合は、早歩きをするといいでしょう。

makahou2さんのように「筋肉質になりたくない」という方にも、ウォーキングはおすすめです。ウォーキングでは筋肉が過剰につくことはないのでご安心ください。

ボディメイクのためにウォーキングを行う場合は、歩く際のフォームも大切です。

ひじを後ろに引くように振るのはとてもよく、肩甲骨を動かすので、姿勢がよくなり、肩こりの軽減にもつながります。

下半身よりも上半身を動かすよう意識することで、猫背にならず、肋骨の位置も保たれるので、くびれさせる場所が確保でき、くびれ作りに役立つでしょう。

また、このような腕の振り方でウォーキングをすると背中周りがすっきりし、後ろ姿を美しく保つこともできます。

トレーニングをする際は、「こんな体形を作る！」とイメージしながら行うと、モチベーションアップにつながります。そのため、ｍａｋａｈｏｕ２さんのように姿勢を意識しながら歩くことは、理想の体形作りに大切なことと言えます。

逆に猫背で前かがみで歩いていると、せっかくウォーキングを行っていても、くびれ作りへの効果は期待できません。

ウォーキングをする際は、体の動きを常に意識しながら行うと、有酸素運動による健康＋ボディメイクの相乗効果が得られるのです。

全身ほぐし術・基本事項

太もも・ふくらはぎ

もともと私はフラダンスをやっていたこともあり、足が太いのがコンプレックスでした。今はウォーキングのおかげでむくむこともなく、ずいぶんすっきりしたのですが、脂肪を柔らかくして燃焼させるため、毎晩必ず、すね・ふくらはぎ、ももの前・後ろまで全体を丁寧にほぐしています。

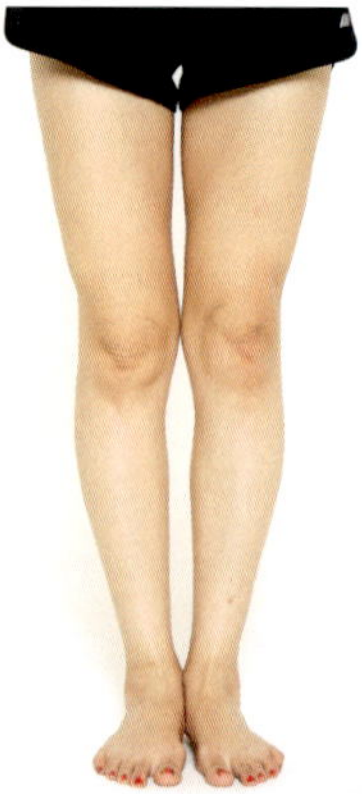

道具

フォームローラー（写真上）やフォームローラースティック（写真下）を使うとよりほぐし効果が高まります。背中のこりも解消され、気持ちがいいのでおすすめしています。

足裏

足裏には全身の神経が集まっています。それらの神経をほぐすことで、体の各部分によい影響が出るのです。ですから、まず足裏からほぐすようにしています。

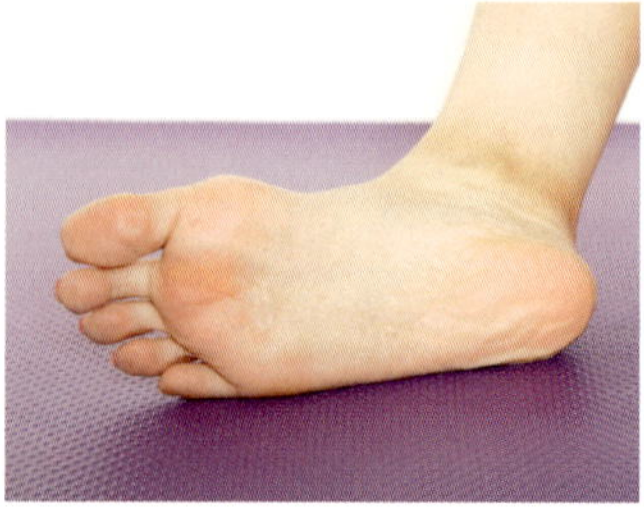

股関節

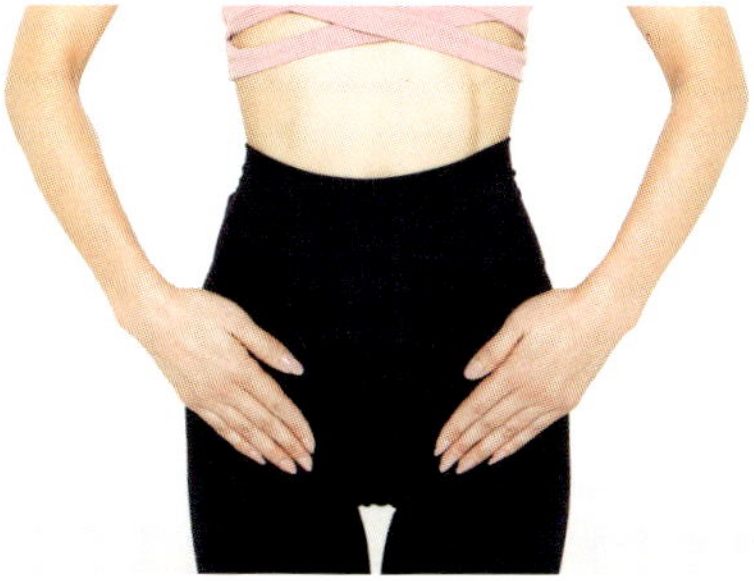

股関節は老廃物がたまりやすい場所です。だからこそ、きちんとほぐしてリンパ液を流す必要があります。また、股関節が柔らかくなると、全身の血流がよくなり代謝が上がって、冷え性も改善されます。

デコルテ

女性らしいくびれを作るためには、ある程度の大きさを持った美しいバストも欠かせません。デコルテをほぐすと鎖骨がきれいに見えるようになるだけでなく、育乳にも効果があると実感しています。

背中

背中ほぐしは肩甲骨をメインに行います。肩甲骨やその周辺をほぐすことで、巻き肩や猫背が改善され、姿勢が美しくなるのです。また、ケガもしにくくなり、肩こりも改善します。

朝の開脚ストレッチ

開脚ストレッチをすると股関節が柔らかくなり、血流がよくなります。すると代謝が上がり、自然にダイエット効果が表れるのです。また、ホルモンバランスが整うので生理不順も改善されます。

体が硬い人も、毎日行っているうちに徐々に柔らかくなりますので、諦めずに挑戦しましょう。

1

両足を開いて左足を曲げ、上半身を右側に倒す。上体を起こし左足のひざを固定して右足を伸ばす。そのまま上体を、曲げた左足の上に倒す。

2

1と同じように両足を開いて、今度は右足を曲げ、上半身を左側に倒す。上体を起こし右足のひざを固定して左足を伸ばす。そのまま上体を、曲げた右足の上に倒す。

3

両足を開き、左右それぞれに上体を倒す。その後、足を開いたまま、上体を正面に倒していく。

フォームローラーで足ほぐし

フォームローラーを使っての足ほぐしは、自重（自分の体重）を使って行います。フォームローラーに足を乗せ、腹筋を使ってバランスを取りながら体を上下に動かし、まんべんなくマッサージするのです。この足ほぐしは腹筋を使うので自然に筋肉も鍛えられますし、何より体幹がしっかりしてきます。

始めた当初は私も激痛に見舞われ、老廃物がたまっていた部分は赤くなりましたが、今では痛みも赤みもなくなりました。継続は力なり、です。

慣れれば左ページの写真のように、腹筋を使って両足を上げ、自重を利用してよりほぐすことができるようになりますが、難しいようなら上の写真のように、ほぐしたい側のひざ上から太もも、お尻にかけてゴロゴロするだけでもOKです。無理のない範囲でチャレンジしてください。

! Attention

1

外もも下にフォームローラーを置き、下にくる腕はひじから下を、反対側の手はてのひらを床につけて体を支える。上側の足はひざを曲げ、腹筋を使ってバランスを取りつつ体を上下に動かす。

2

1 の状態のまま、曲げていたひざを伸ばし、同じように腹筋を使ってバランスを取りつつ体を上下に動かす。とくにふくらはぎの外側は、両足を伸ばした状態のほうがやりやすいので念入りに。

※この足ほぐしの後、好転反応の場合は赤くなっても痛みがないのですが、内出血の場合は痛みがともないます。痛みがある場合はただちに中止してください。

フォームローラーで上半身ほぐし

1

腰の下にフォームローラーを横に置いて、仰向けになる。

2

両手で支えながら頭を上げ、腹筋を使って首の下のあたりまで上下に体を動かす。

背中や肩甲骨周りの上半身も、フォームローラーでほぐすことができます。

とくに肩甲骨は私が気をつけてほぐしている場所のひとつ。ストレッチだけではほぐしきれないところを、足と同じように自重を使ってほぐすことができるので重宝しています。

やり方はいたってカンタン。ひとつ目は、横に置いたフォームローラーの上に仰向けになり、腹筋を使ってゴロゴロと上下に体を動かします。もうひとつはフォームローラーを縦にして置き、左右に細かく体を動かすのです。

背中や肩甲骨が柔らかくなると、肩こりも改善されるのでおすすめです。

3

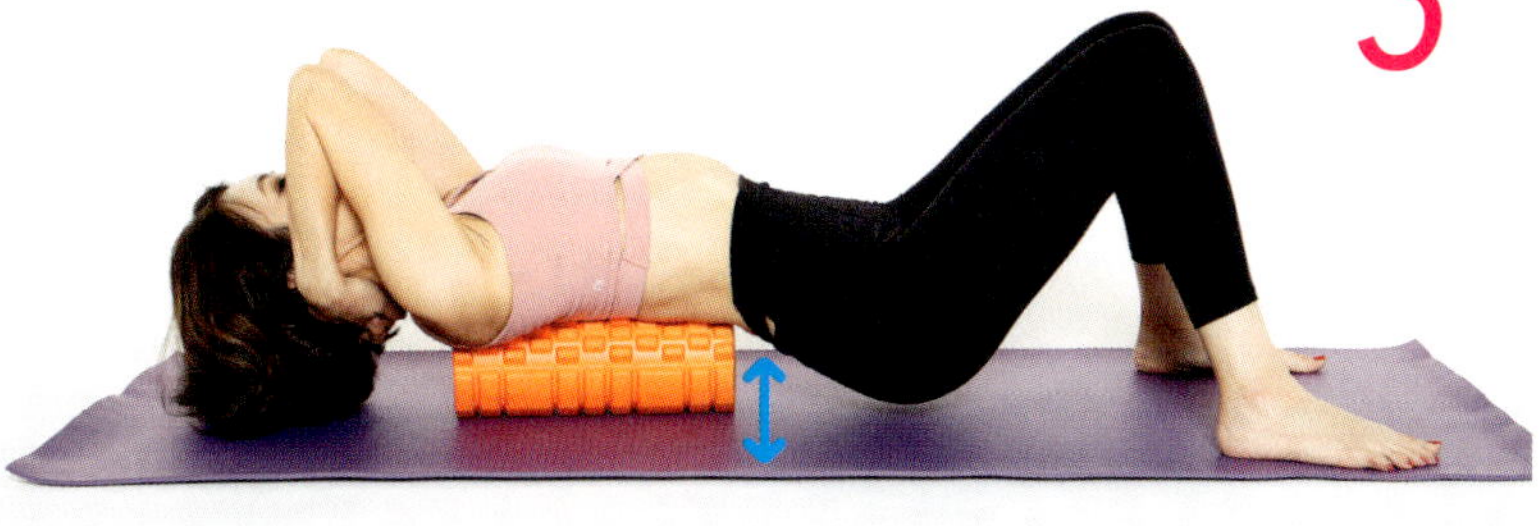

フォームローラーを縦に置いて仰向けになり、肩甲骨から腰にかけて当たるようにする。両手で支えながら頭を上げ、腹筋を使って左右に細かく体を動かす。

フォームローラースティックで足ほぐし

全身ほぐしの強い味方がこのフォームローラースティック。フォームローラーだけでは細かくほぐすことができませんが、このスティックを使うと足や背中のすみずみまで、さまざまな角度からアプローチできます。

基本は、すべて下から上に向かってほぐしていきます。足の場合、ひざ下は上下に細かく動かし、ひざ上は大きく上下に動かしています。私はゴリゴリと音がするくらいにかなり力を入れて行っていますが、しっかりほぐれていれば、どんなに力を入れてもアザになることはまずありません。ただ、始めたばかりのうちは、力を入れると痛みを感じる方もいるかもしれませんので、ご自分の状況に合わせて加減して行ってください。

フォームローラースティックを使っての足ほぐしは、片足5～8分ほど。慣れるまでは面倒に感じるかもしれませんが、このほぐしを行った後は自分でも驚くほど柔らかく触り心地のいい足になるので、ぜひ試してみてください。

1

スティックを両手で持ち、上下に細かく動かしほぐしていく。すねの外側を念入りに、下から上に向かって丁寧にほぐす。

2

ふくらはぎも**1**と同じように、スティックを上下に細かく動かしほぐしていく。さまざまな角度から行い、アキレス腱上のラインはとくに念入りに。

3

太もも後ろ側は、ひざ裏からももの付け根に流すように力強くゴリゴリと上下に動かしほぐしていく。とくにひざの裏側は念入りに行い、内ももも忘れずにほぐしていく。

4

太もも前側は、ひざ上からもも付け根まで、下から上に流すように力強くゴリゴリとほぐしていく。ひざのお皿に触れないよう注意する。

フォームローラースティックで上半身ほぐし

1

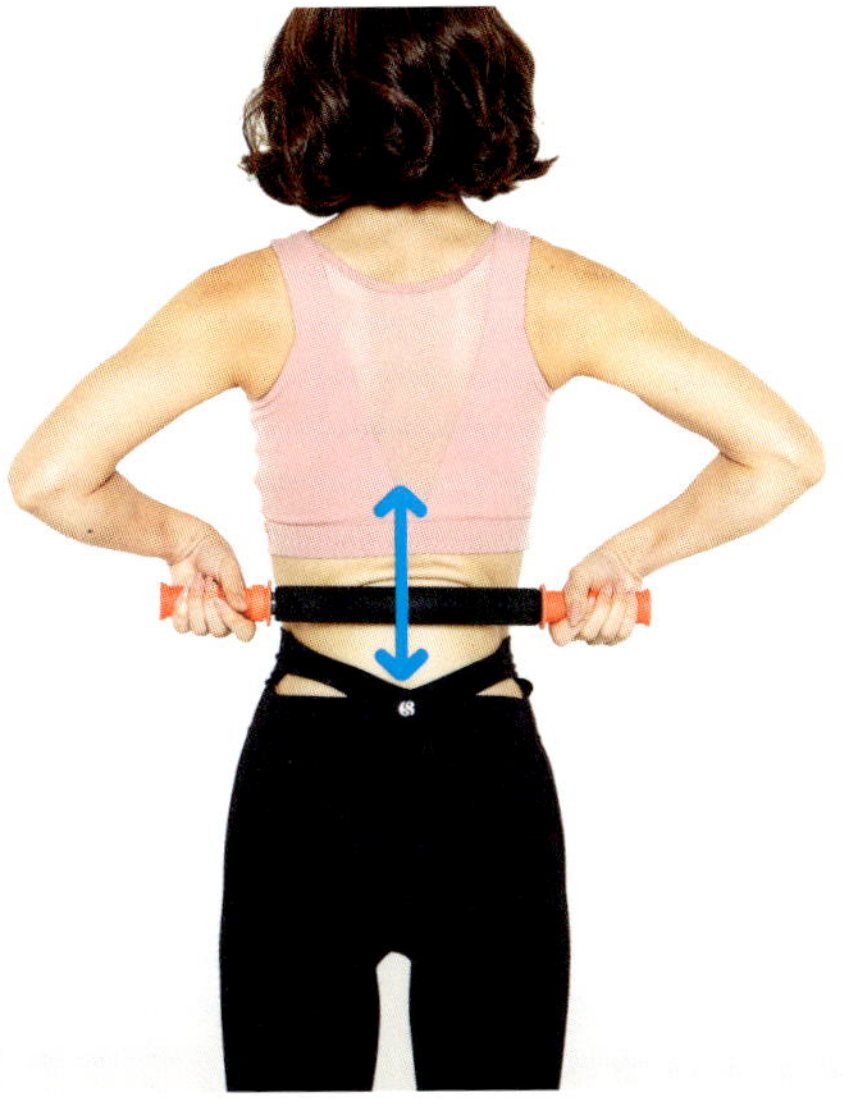

スティックを背中に回して両手で持ち、腰のあたりから腕が届く範囲まで、下から上、上から下へと上下にゴロゴロとほぐしていく。

2

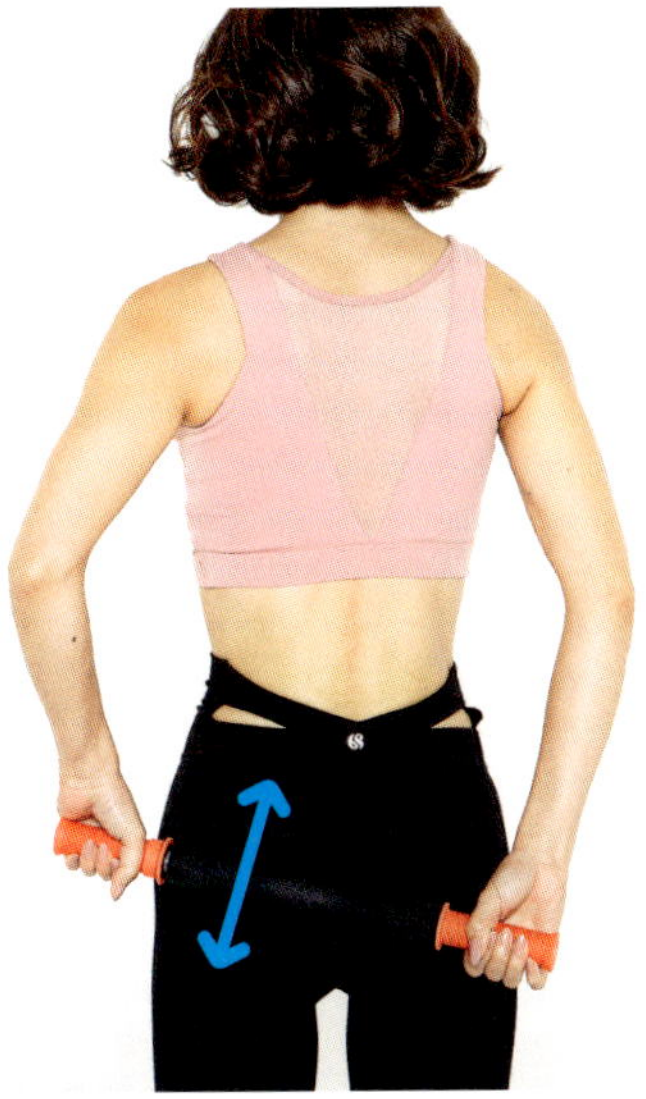

1と同じようにお尻も行う。ももの付け根あたりから腰のあたりまで、下から上、上から下へと上下にゴロゴロとほぐしていく。左右両方行う。

鎖骨ほぐし

デコルテは洋服を着ていても見える部位。鎖骨が美しいと、それだけで女性らしさが増すような気がします。

でも、巻き肩や猫背になってしまうと、鎖骨が埋もれてしまったり、V字形になったりします。デコルテの美しさは姿勢とも直結しているのです。

また、女性らしいくびれを作るためには、ある程度の大きさを持った美しいバストも欠かせません。デコルテをほぐし、リンパ液の流れをよくすると育乳にもつながると言われています。

1

肩甲骨の間を意識して、両腕をまっすぐ斜め後ろ方向に。お尻を上にあげるようなつもりで、ゆっくりと息を吐きながら首を長く伸ばす。

2

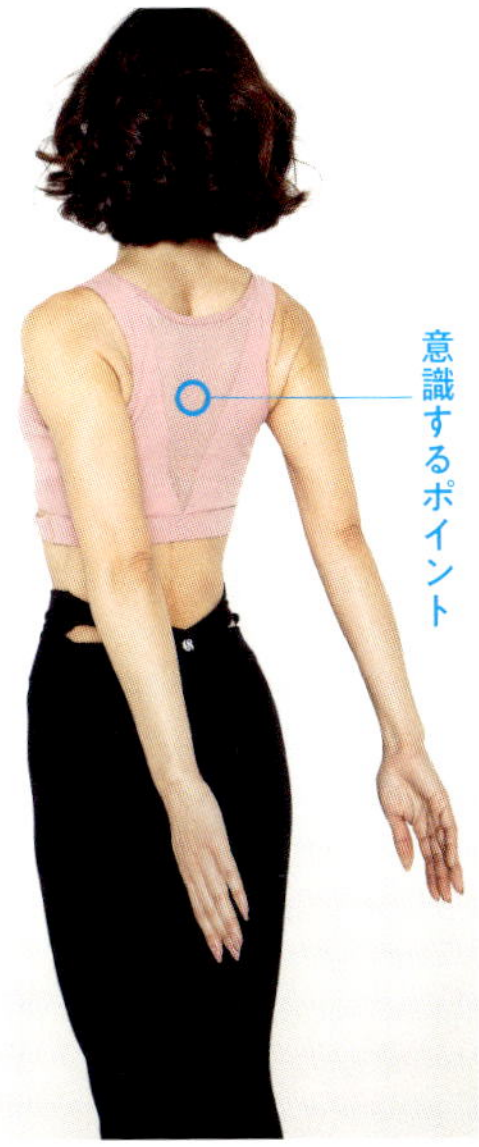

1の息を吐いた状態で、左右の肩甲骨を寄せていく。いったん両手を両脇に戻して息を吸う。

3

首を前に倒して視線を下に向け、ゆっくりと息を吐きながら、両腕をまっすぐ斜め下方向に伸ばす。**2**では寄せていた左右の肩甲骨を広げるイメージで。

おやすみ前の足マッサージ

就寝前に私が欠かさずやっているのがこの足マッサージ。お風呂上がりに保湿もかねて、クリームをつけながら行っています。

次ページからの写真にはありませんが、今はお尻の下とハムストリングをとくに念入りに、こり固まっている硬いところを探してもみ、潰し、ほぐしています。

筋肉は強いほうに引っ張られます。私の場合、ハムストリングが強く、お尻の形に影響が出てきてしまうので、ヒップアップのためにこの部分をよくもみほぐしているのです。

足マッサージをするとリンパ液が流れていきますので、むくみやすい人はぜひ毎晩の習慣にしてください。

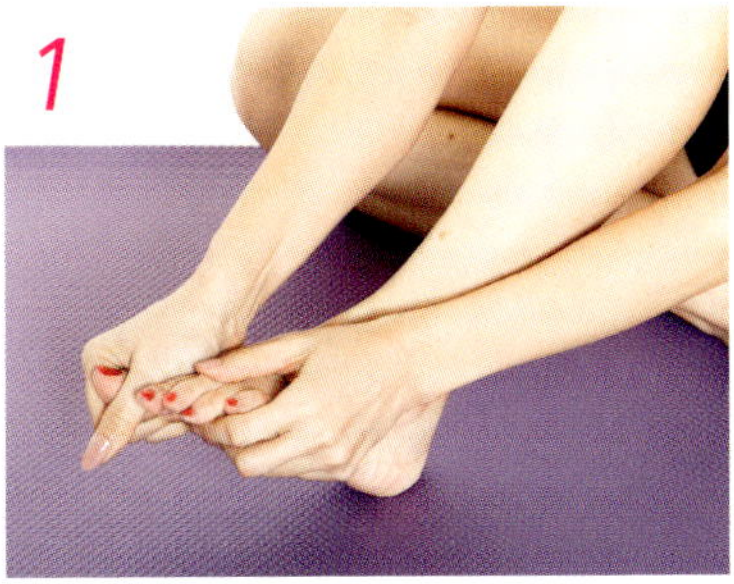

足指の間に指を入れてほぐす。

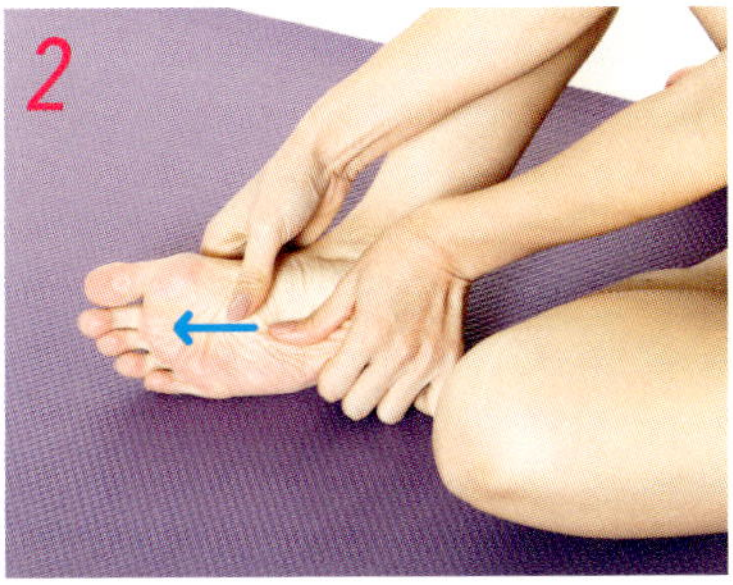

足裏の土踏まずから足先に向けて押し流す。

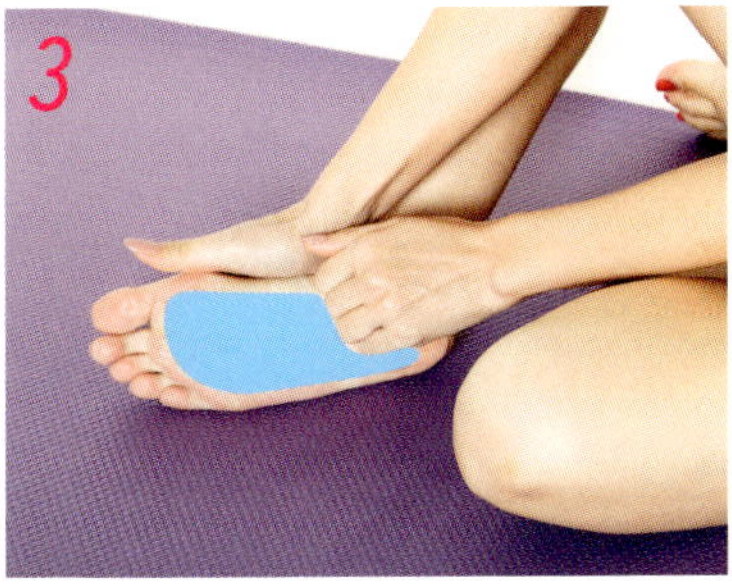

グーにした手で足裏全体をほぐし流す。

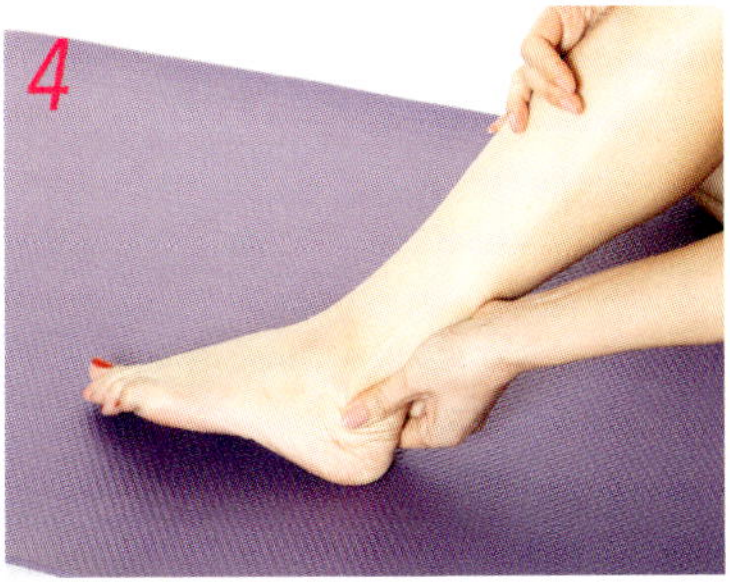

くるぶしを親指と人差し指でほぐし流す。

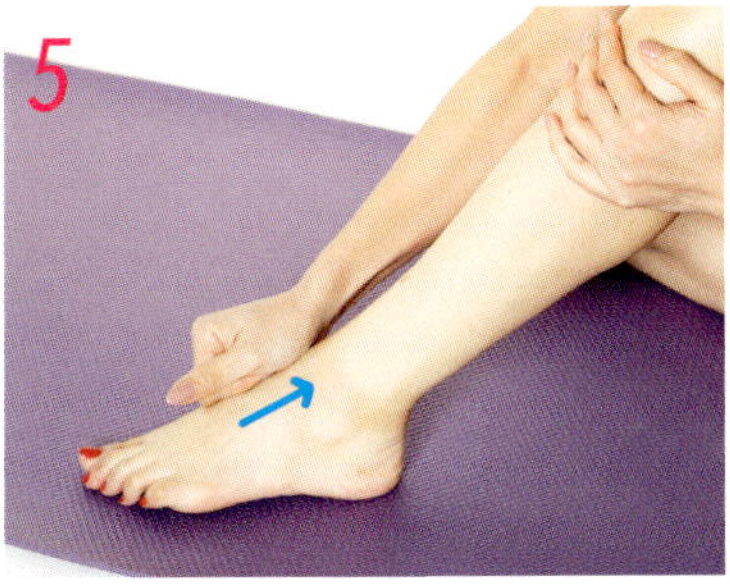

グーにした手で足の甲を上に流す。

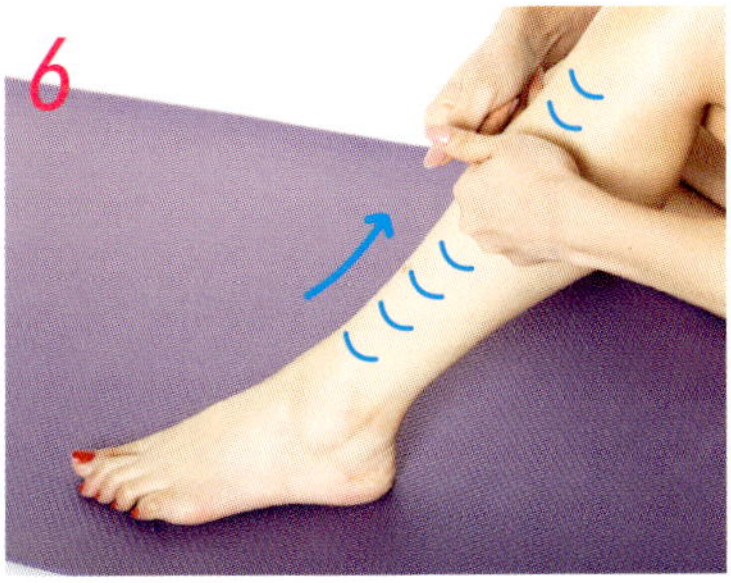

グーにした両手の四指側で、すねを下から上に押しながらほぐす。

7

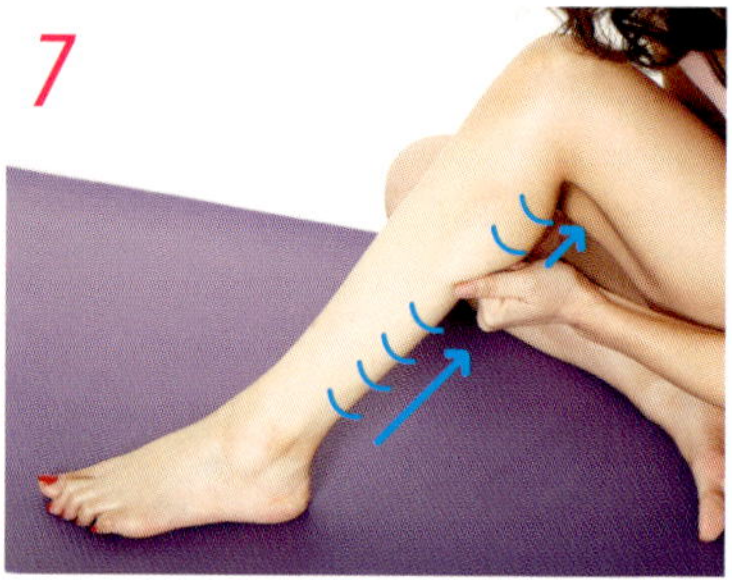

同じように、ふくらはぎを下から上に押しながらほぐす。

8

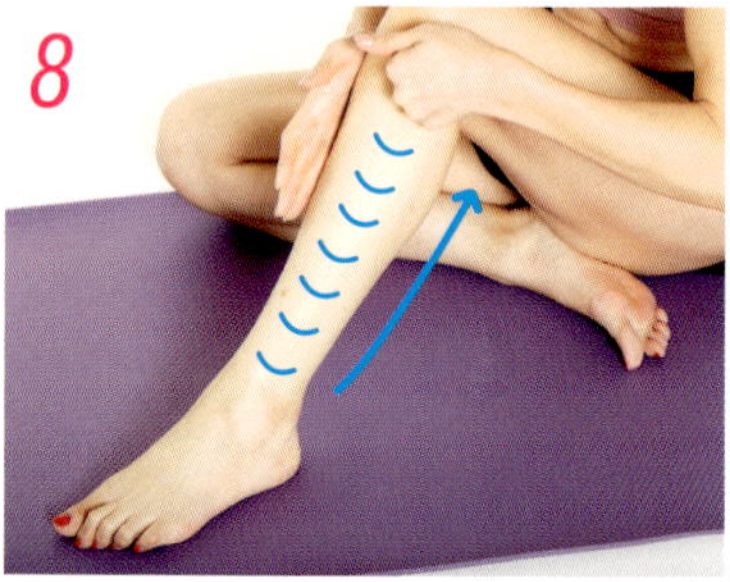

同じように、ふくらはぎの横を下から上に押しながらほぐし流す。

9

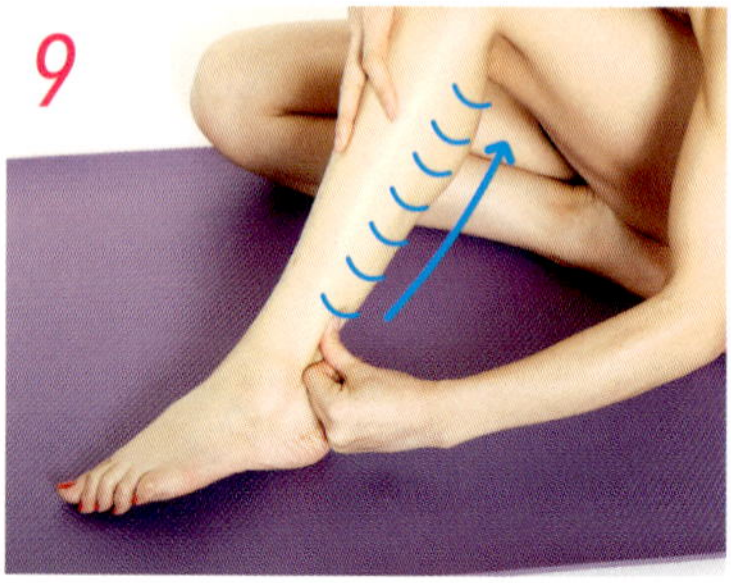

くるぶしの上からひざ下に向かって親指で押しながらほぐす。

10

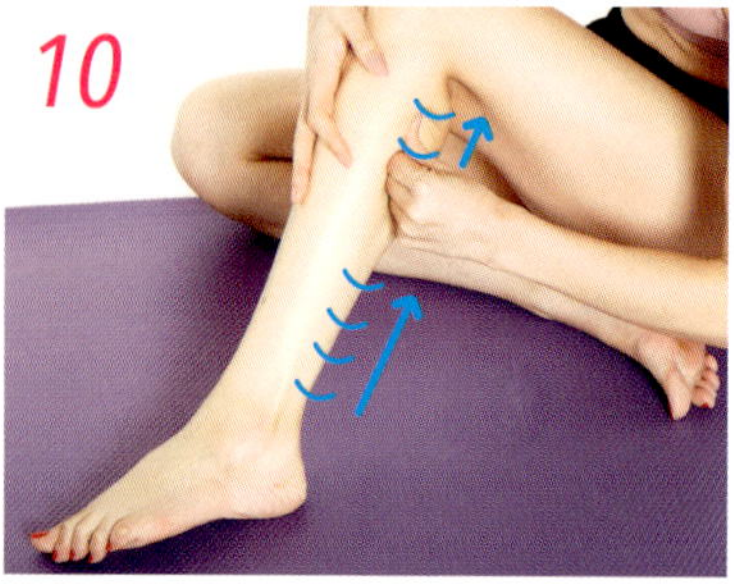

9の方法で写真のようにひざ下あたりまでほぐす。

11

グーにした両手の四指側で、すねを下から上に流す。

12

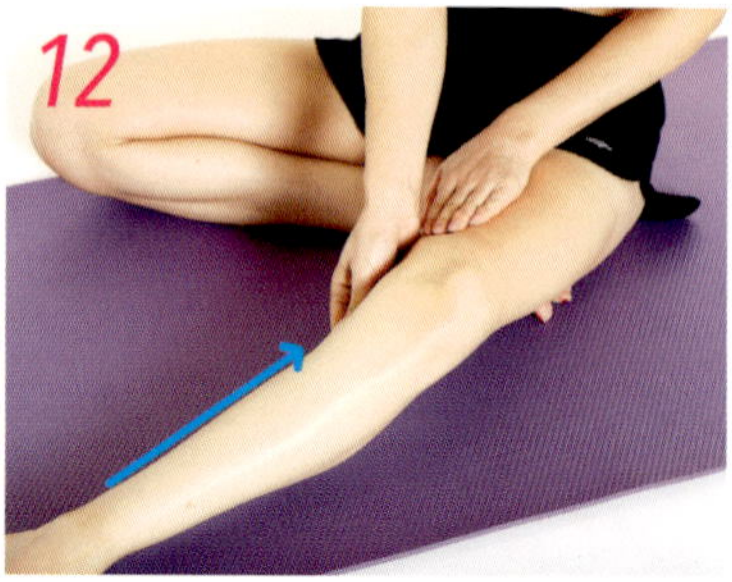

同じように、ふくらはぎの内側を下から上に流す。

13

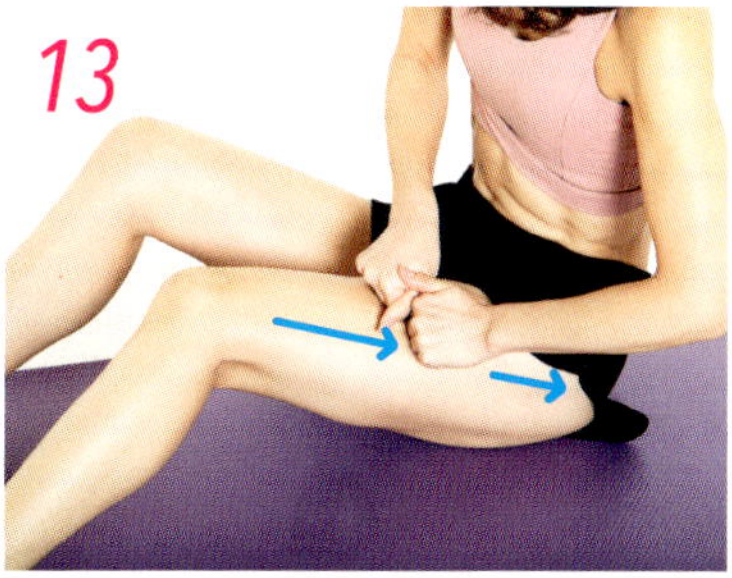

同じように、ひざ上からもも前側を下から上に流す。

14

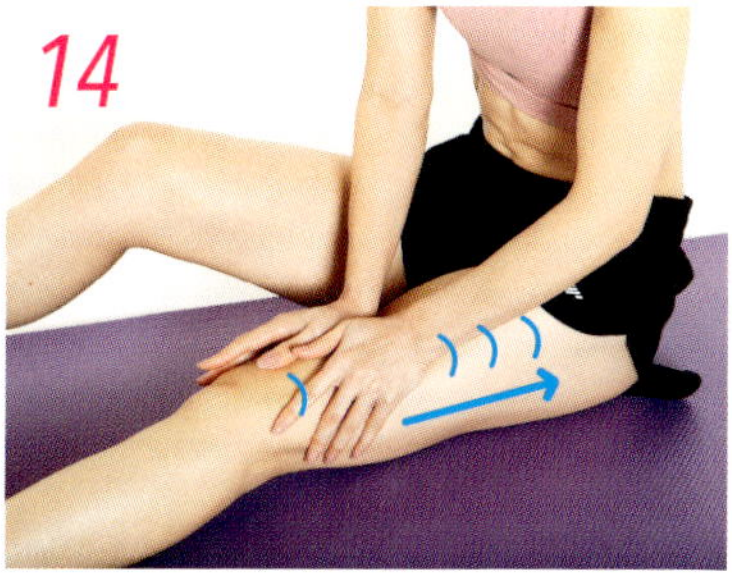

手を開き、てのひらでひざ上からもも前側を押す。

15

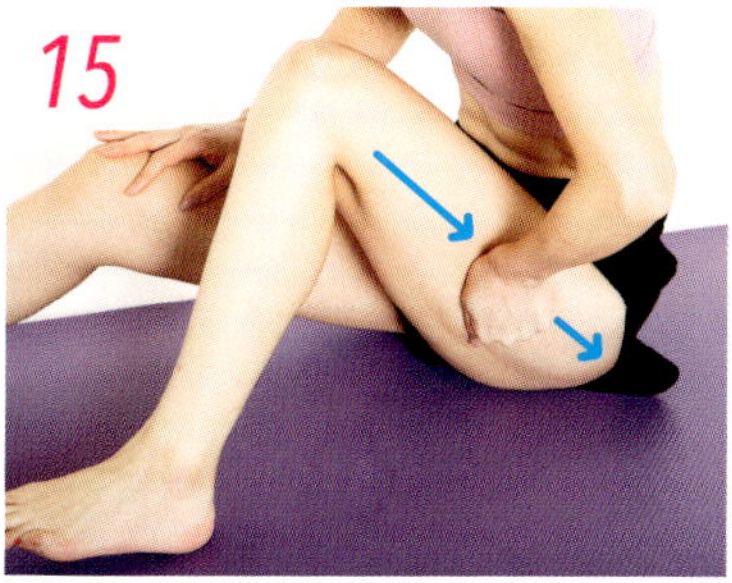

グーにした手のてのひら部分で、もも後ろ側をひざ上から股関節に向けてほぐし流す。

16

足首を両手でつかみ、力を入れながらひざ下方向に流す。

17

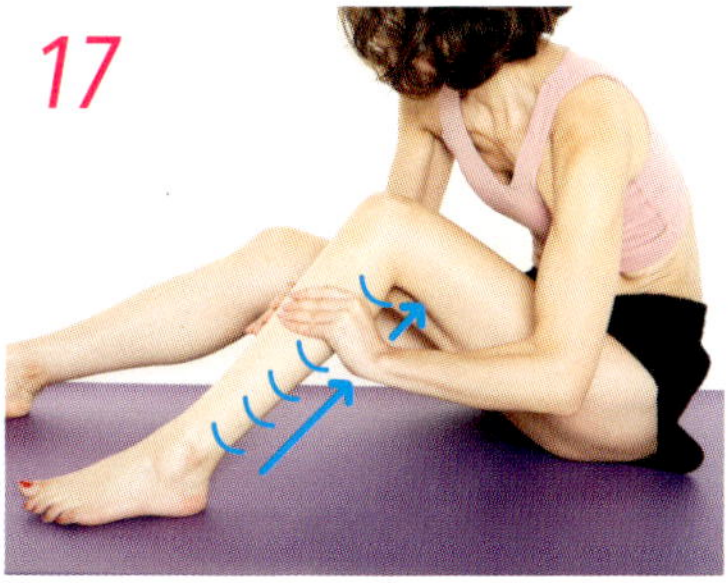

ふくらはぎを両手でつかみ、親指で下から上に押しながらほぐす。

18

ひざ裏を両手でつかみ、親指以外の四指でひざ裏を押す。

19

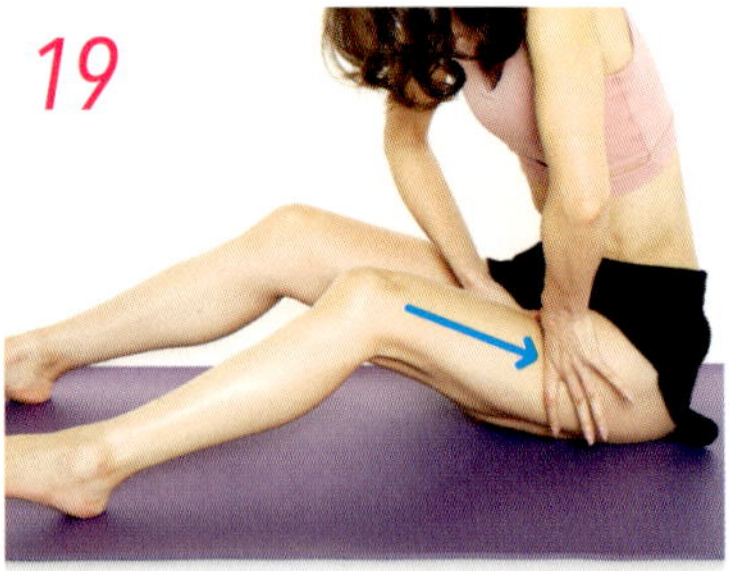

もものつけ根に向けて開いた両手の親指で力を入れて押し流す。

20

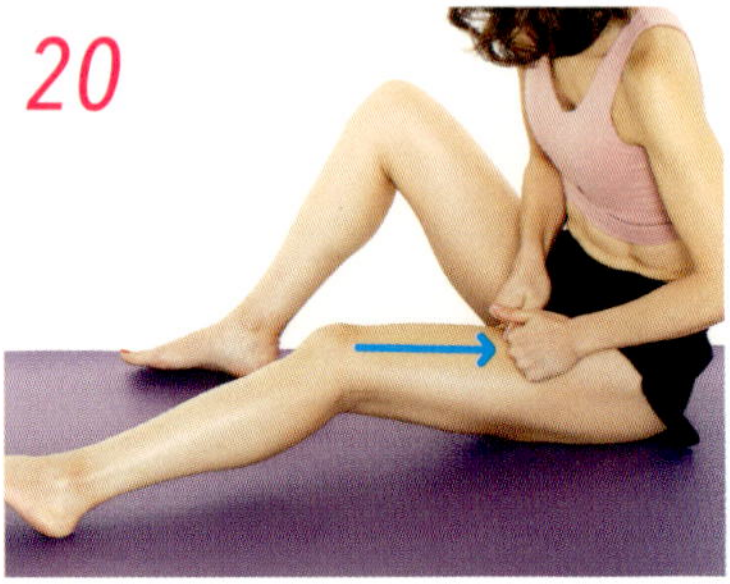

グーにした両手でもものつけ根に向けて力を入れて押しながら流す。

21

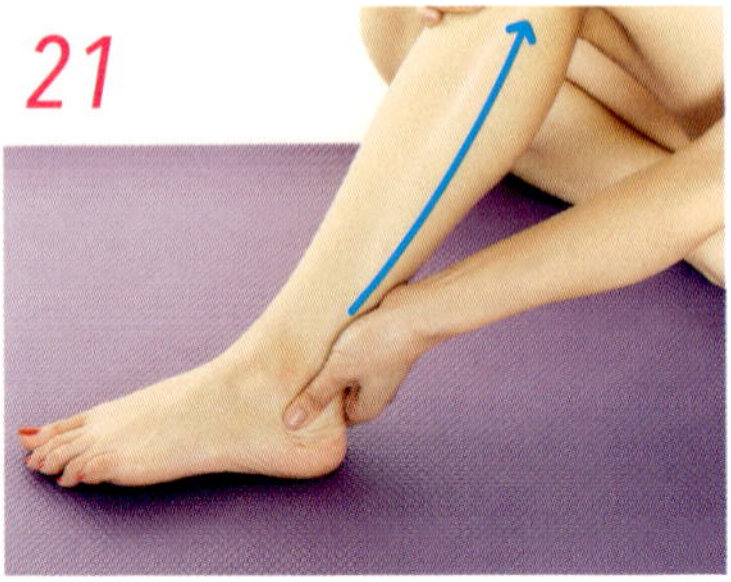

くるぶしを逆手にしてつかみ、下から上にひざ下まで流す。

22

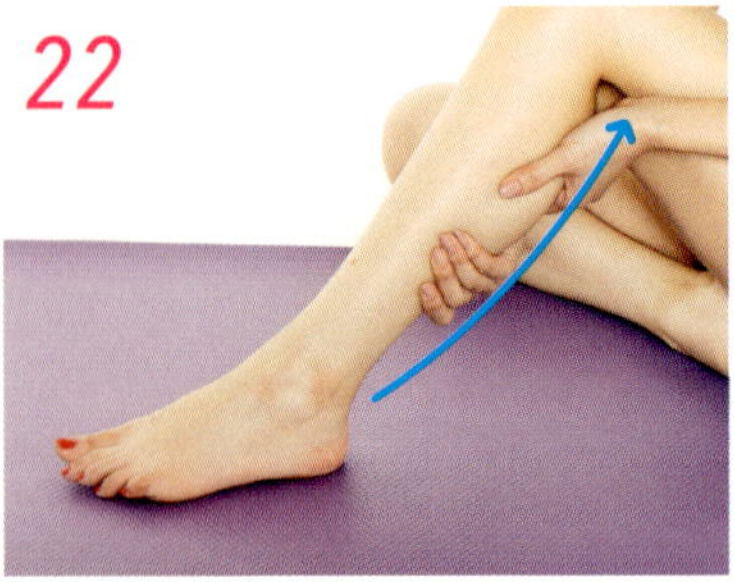

足の反対側の手でふくらはぎを内側からつかみ、下から上に流す。

23

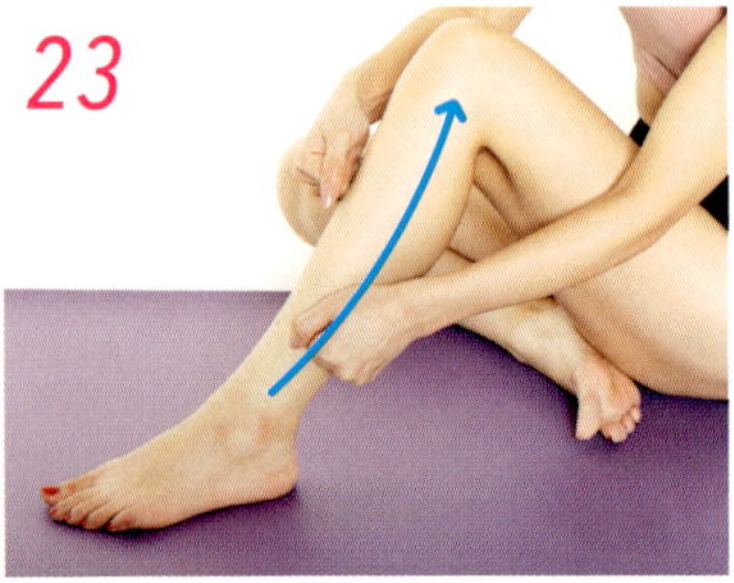

グーにした両手の四指側で、ふくらはぎの横を下から上に流す。

24

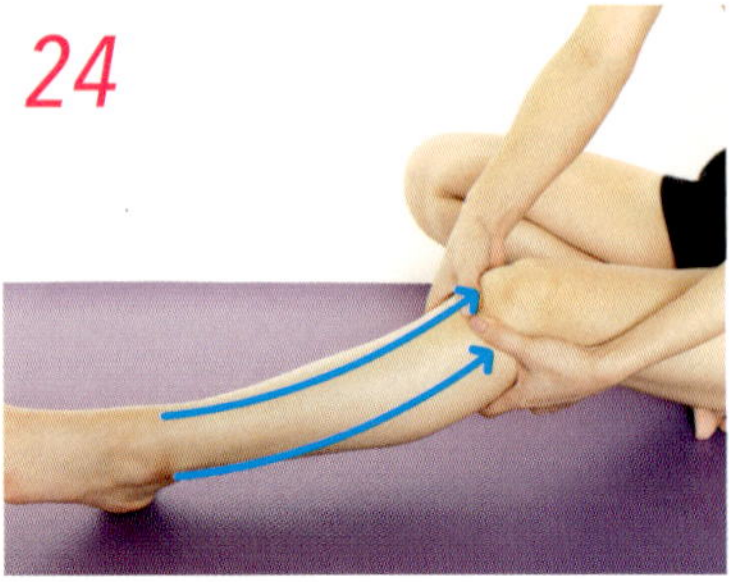

開いた両手でふくらはぎをつかみ、下から上に流す。

25

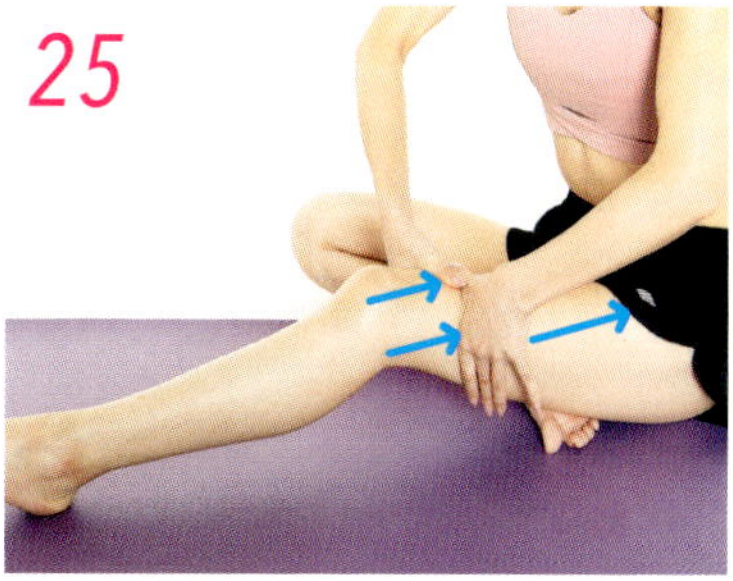

両手の親指と人差し指の間で、もも前側を股関節に向かって流す。

26

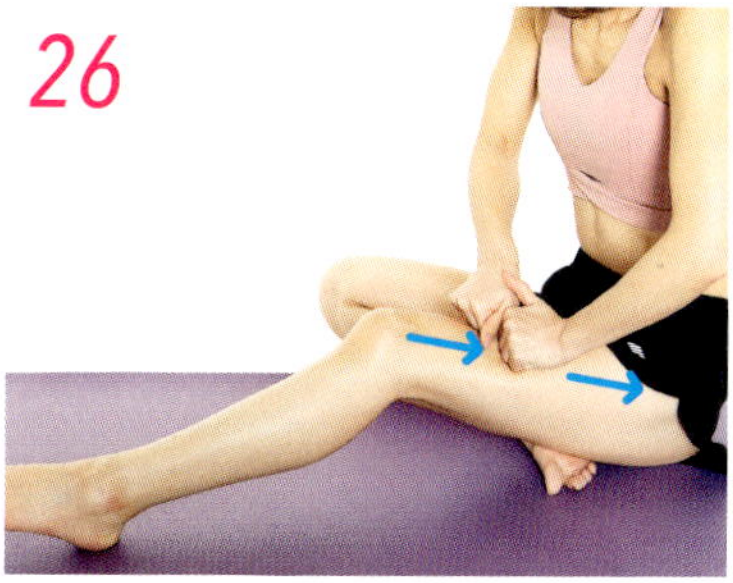

グーにした両手の四指側で、もも前側を股関節に向かって流す。

27

開いた両手で、もも後ろ側をひざ裏から股関節に向かって流す。

28

もも後ろ側を、内側から両手で下から上にもむ。

29

両手の親指と人差し指の間で、ももの付け根を押しながらほぐす。

Dr.孝志郎による
解説❹

全身ほぐしの効用

ｍａｋａｈｏｕ２さんが行っている「全身ほぐし」は体の緊張を取り、柔軟性を高める作用があると言えます。

しなやかな体は、ケガを予防することにつながりますすし、何より動きに幅が出ます。ひざ痛やぎっくり腰の予防にもなるでしょう。

また、血行がよくなることで冷え対策にもつながります。とくに女性は冷え性に悩んでいる人も多いので、そういう方は積極的に行うことをおすすめします。


太もも・ふくらはぎ、足裏、股関節をほぐすことは、リンパ液の流れをスムーズにし、むくみを取ることができるでしょう。

デコルテ周りもリンパ管がたくさんあるので、老廃物を流すことで、美肌などへの効果も期待できます。

ｍａｋａｈｏｕ２さんは、背中もほぐしていますね。このときは手を後ろに回していますので、肩甲骨を動かすことにもつながっています。

この動きをすることで、背中がほぐ

れるだけでなく、姿勢がよくなり、肩こりも軽減するでしょう。

また、なかなか自分でケアできない背中を、フォームローラーなどの道具でほぐすことはいいアイデアだと思います。体重をかけずに行うフォームローラースティックでのほぐしは、身近なものだと食品用ラップフィルムの芯を使ってもいいかもしれません。

makahou2さんは、朝起きて一番に開脚ストレッチをされていますが、これはメンタル面での効果が期待できます。体を大きく開いて動かすことで、やる気がわいてきて、今日1日をイキイキと過ごすことができるでしょう。


また、朝のストレッチは胃腸の不調改善にもつながる可能性があります。いきなり朝食を食べるよりも、体を動かした後に食べることで、胃腸が活性化されているため、消化吸収力が高まるのです。

就寝前の足マッサージは、翌日に老廃物を残さず、代謝をアップさせて、むくみを防ぐことが期待できるでしょう。

就寝中は筋肉の動きが少なく、リンパの流れがゆるやかになるため、就寝前のマッサージで流れを促してあげると、翌朝はすっきりした体で起きることができます。

Column
2

食事のストレスが一番太る

Prologueでもお伝えしましたが、私は以前、夕食をダイエットドリンクに置き換え、カロリーを抑えるダイエットで９キロの減量に成功しました。そのときは体重は落ちましたが、同時に筋肉も落ちて、マッチ棒のようなボディラインになり、理想の体形とは程遠い結果に……。

さらに、ダイエット中は便秘やむくみに悩まされ、ストレスフルな毎日でした。空腹を満たすために水をたくさん飲みましたが、代謝が悪くなっていると、体が水をためこんでしまい、逆に太るということにも気づきました。おまけに食事制限をやめるとリバウンドしてしまい、結局ダイエットは失敗に終わったのです。

それからは、食事を制限するダイエットはやめて、しっかり動いて、ちょこちょこ食べるという生活に切り替え、ストレスはゼロに！

長いスパンでボディメイクをするなら、ストレスをためずに楽しく続けられる方法で行うことが大事なのです。

内側から美しくなる

大人気のmakahou2レシピ

Part 4

makahou2流・食事術の基本

私の食事法は、1日の最後の食事から翌日の最初の食事まで14時間は何も食べないのが基本です。以前、14時間ダイエットの本を読んで実践してみたら、自分にとっても合っていたので続けています。

1日のタイムスケジュールは、朝5時に起きてストレッチをし、白湯とざくろ酢を水で割ったものを飲み、トイレタイム。

子どものお弁当を作ったり、朝食の準備をしたりして、ときにはウォーキングへ。戻ったら半身浴をして体重を測定し、10時過ぎに一度目の食事を摂ります。その後も、フルーツなどをちょこちょこと食べて、最後に食べるのは19時くらいでしょうか。

それ以降は何も食べないので、14時間は断食できるのです。

この方法のいいところは、胃腸を長い時間休ませることができるので、消化吸収や排せつ力が高まり、代謝がよくなるところです。

10時～19時までの間は、満腹にも空腹にもならないよう、こまめに間食を摂っているので、「食べられない」というストレスはありません。このときは一食目で食べていない食材や栄養を摂るようにし、甘いものも食べます。

おやつは、ロカボナッツ、ハイカカオチョコレート、芋けんぴや干し芋、ドライフルーツ、トルティーヤチップス、手作りのスイーツやグラノーラなどが多いです。

食事内容はカロリーよりもGI値（食後血糖値上昇指標）を重視しています。白米などGI値の高い食品を最初に食べると血糖値が上昇し、体脂肪がつきやすくなります。そのため、食事をするときは野菜をはじめに食べてから、お肉やお魚などのタンパク質、最後にパンやごはんという順番です。

炭水化物の中でもオートミールは低GI値なので、よく使っている食材です。

また私はパンが大好きなのですが、小麦粉はGI値が高いため、米粉、全粒粉、ライ麦粉など小麦粉に代わるものを使って、自分でパンを作るようにしています。自分で作ると、何が入っているかもわかりますし、好みの味付けにできるので安心できるという面もあります。

makahou2レシピ　基本食材と効用

オートミール

オートミールは私がもっとも よく使う食材で、インスタグラムでもさまざまにアレンジしたレシピをたくさんご紹介しています。私の大好きなユーチューバーが、よくオートミールをメインにした朝食を摂っているのを目にしたのがきっかけで、すっかりはまってしまいました。本書のレシピでも紹介するオリジナル自家製グラノーラは、私も毎日食べています。日本ではまだあまりなじみがない食材ですが、欧米では離乳食にも使われているほど安全で、一般的な食べ物です。いろいろな使い方ができますし、味付けもお好みで調整できます。食物繊維が豊富なので、便秘がちな女性にはとくにおすすめです。

サイリウム

サイリウムとはオオバコの種の皮を砕いたもので、粉末状になったものが市販されています。サイリウムは嚥下食にも使われる、とろみがつく食材なので、片栗粉の代わりに使います。サイリウムも食物繊維が豊富です。

米粉

私はパンが好きなのですが、なるべく小麦粉を使いたくないので、その代わりに米粉を使っています。小麦粉に含まれるグルテンは中毒性があると言われており、ドカ食いにつながりやすいので、米粉で代用しているのです。

ナッツ

カロリーが高めなので敬遠している方もいらっしゃるかもしれませんが、ナッツはビタミンEなど栄養素が豊富な食材です。脂質は高いのですが質のいい脂肪分であり、なにより低糖質。肌にもいい影響があるので、「食べるオイル」としてナッツを摂取しています。

乾物

乾物は私の食生活には欠かせない食材です。身近なものだと干しシイタケやヒジキ、切り干し大根などは切らすことなく常備しています。食材は干されると、生の状態よりも栄養価が高くなりますし、日持ちもするのでお気に入りです。

甘味料

甘いものも大好きなので、スイーツもよく作ります。ですが、白砂糖は体を冷やすので使いません。普段使っているのは羅漢果（ラカンカ／ウリ科の植物）から作られた自然甘味料や砂糖きび糖、アガベシロップ、はちみつ、メープルシロップなどです。

ピーナッツバターパウダー

ピーナッツバターパウダーはバターに比べて脂質が85%もカットされているうえ、栄養価が高いので愛用しています。溶くものによって違う味付けができ、甘みがないので自分で好きな甘さに調整できるところも気に入っている理由です。

ココアバナナプリン

［材料］

・バナナ
（完熟しているもの）…300g

・純ココア…13g

・豆乳…100cc

［レシピ］

❶ バナナを適当な大きさに切って耐熱容器に入れ、
500wの電子レンジで２分加熱する

❷ ①に純ココアと豆乳を入れ、
ブレンダーかハンドミキサーでなめらかになるまで混ぜる

❸ プリン型の内側を水で濡らしておく

❹ ②を③のプリン型に入れる

❺ 粗熱が取れたら冷蔵庫で冷やす

※豆乳の代わりに牛乳を使ってもＯＫです
※ココア風味が強いほうがお好きな方は、純ココアの量を 15g にしてもかまいません
※ブレンダーやハンドミキサーがない方は、木べラなどでバナナをよく潰して、泡だて器を使って混ぜてもＯＫです。ただし、この方法だとバナナが多少塊で残りますので、見た目も少しぼこぼこします
※ 130ccが入るプリン型で４個分できあがります

米粉のマカロン

［材料］

・卵白…１個分
・グラニュー糖…卵白と同量
・米粉…卵白と同量
・粉糖…卵白と同量
・お好きなジャム…適量

［レシピ］

❶ 卵白を冷凍しておく
❷ ①の卵白を自然解凍し、
グラニュー糖を加えてツノが立つまで混ぜメレンゲを作る
❸ ②にふるいにかけた米粉と粉糖を加え、メレンゲを潰す感覚で
ゴムベラでボウルにこすりつけるようにしてなめらかにする
❹ ③がリボン状の固さになったらすぐに手を止め、絞り袋に入れる
❺ オーブン用の天板にクッキングシートを敷き、④を絞り出す
❻ ⑤を１時間くらい常温で置き、
指で触ってもくっつかなくなるまで乾燥させる
❼ オーブンを170度に予熱する
❽ 予熱が済んだら、オーブンの温度を130度に下げ、15分焼く
❾ ⑧をオーブンから取り出し、冷めてからマカロンをはがす。
２個のマカロンでお好みのジャムを挟む

※普段は私はグラニュー糖を使わないのですが、このマカロンに関しては米粉の白さと風味を生かすため、グラニュー糖を使用しています
※Ｍサイズの卵の卵白（35g）を使用して3～4センチくらいの大きさで作ると、8～9個くらいできあがります
※絞り袋の口径は約８ミリくらいだと作りやすいです
※マカロンの生地を絞り出したときにツノができるので、柔らかいうちに指を水で濡らしてツノを潰しておきましょう

米粉とアーモンドプードルのフィナンシェ風

［材料］

・ギー…50g

A
・アーモンドプードル…80g
・米粉…40g
・ベーキングパウダー…5g

・卵白…3個分（90g）

B
・自然甘味料…60g
・はちみつ…30g

・バニラエッセンスもしくはバニラオイル…適量
・飾り用のナッツ（無塩のもの）…適量

［レシピ］

❶ A をすべて合わせて混ぜておく
❷ 卵白に B を入れ、泡立たせないよう箸で切るようにして混ぜる
❸ ギーを電子レンジで塊が残る程度に溶かす
❹ ①に②を入れて木ベラなどで混ぜ、
さらに③とバニラエッセンス（もしくはオイル）を加えて混ぜる
❺ 15センチ×15センチの型にクッキングシートを敷いてから
生地を流し入れて、飾り用のナッツを載せる
（最終的にカットするので、できあがりの大きさをイメージしてナッツを載せる）
❻ オーブンを180度に予熱する
❼ 予熱が済んだら、180度のままで20分焼く（焼き色を見つつ、つまようじなどで刺してみて、中身がくっつかなくなるまで焼き時間を追加する）
❽ 型から外し、ケーキクーラーなどの上に載せて冷ます
❾ 冷めたらカットし、お好みで粉糖（分量外）を上からふるいかける

※ギーとは、インド料理などで使われるバターオイルのことです。ギーの代わりにココナッツオイルもしくは無塩バターを使ってもOKです

自家製グラノーラ

［材料］

・オートミール…200g
・パンプキンシード…30g
・くるみ…45g
・アーモンド…25g
・シナモン…5g
・ココナッツフレーク…15g
・メープルシロップ…30g
・自然甘味料…20g
・ココナッツオイル…40g
・豆乳…50g～　・塩…2～3g
・お好きなドライフルーツ…適量

［レシピ］

❶ 豆乳とドライフルーツ以外の材料をすべてボウルに入れ、木ベラなどで混ぜる
❷ ①を混ぜながら少しずつ豆乳を加え、重さを感じたらやめる
❸ オーブンを150度に予熱する
❹ オーブン用の天板にクッキングシートを敷き、その上に②を広げる
❺ 予熱が済んだら、150度のままで45分焼く
❻ 焼きあがったら天板を取り出し、そのまま冷めるまで置いておく。冷めてから塊の部分をお好みの大きさにして、ドライフルーツを混ぜる

※豆乳の代わりに牛乳やお水でもOKです。水分を加えることで、少し塊のあるゴロゴロとしたグラノーラになります
※シナモンは入れなくてもいいですし、代わりにココアやきな粉、ピーナッツバターパウダーでもOKです
※自然甘味料の代わりに砂糖きび糖などを使ってもOKです
※ココナッツオイルが固いときは、電子レンジで10~20秒あたためて溶かします

たんぱくボール

［材料］

・鶏ひき肉…200g
・はんぺん…1枚
・カニカマ…4本
・卵…1個（溶いておく）
・酒…少々
・顆粒だし（和風）…ひとつまみ
・だし汁…1000cc
・ネギ…適量

［レシピ］

❶鶏ひき肉とはんぺんをボウルに入れ、なめらかになるまでよく練る
❷①にほぐして短く千切ったカニカマ、溶き卵を加えて混ぜる
❸②の固さを見て、固すぎるようなら酒を少し加え、
顆粒だしを加えてさらに練る
❹鍋にだし汁を入れて火にかけ、沸騰したら
③を2本のスプーンで丸くしながら入れる
❺④のたんぱくボールが浮かんできたら、さらに2～3分ほど茹でる
❻刻んだネギを散らす

※卵の大きさによってタネの固さが変わるので、固すぎる場合は酒を加えてください
※保存するときは茹でるのに使っただし汁ごと保存してください
※だし汁に具材のうまみが出るので汁ごといただきますが、たんぱくボール自体はおでん種にしたり、だし汁を増やして野菜などを入れてスープにしてもおいしいです

オートミールピザ

［材料］

・オートミール…30g
・豆乳…50g＋20g
・卵…１個
・塩…ひとつまみ
・おからパウダー…3g
・溶けるチーズ…適量
・ピザ用ソース…適量
・お好きなトッピング
（写真はウィンナーソーセージ、パプリカ、トマト）

［レシピ］

❶ オートミールと豆乳50gを混ぜ、500wの電子レンジで１分加熱する
❷ ①を電子レンジから取り出し、オートミールをふやかしたら、潰すようにしてよく混ぜる
❸ 粗熱が取れたら、②に豆乳20gと塩、おからパウダー、卵を入れてさらによく混ぜる
❹ フライパンにオリーブオイル（適量／分量外）を引いて熱し、③の生地を丸くなるよう平らにのばしながら入れ、焼く
❺ ④をひっくり返し、ピザ用ソースを塗った上にお好きなトッピングと溶けるチーズを載せ、蓋をしてチーズを溶かす

※トッピングはお好きな食材でＯＫです
※④のところで生地を大きくのばしすぎると裏返しにくくなるので注意してください

切り干し大根のナポリタン

［材料］

- 切り干し大根（干）…50g
- にんじん…100g（小1本）
- 玉ねぎ…100g（大半分）
- パプリカ…1～2個
- ベーコン…130g
- オリーブオイル…大さじ2
- ケチャップ…大さじ3
- 塩コショウ…適量
- 酒…大さじ1

［レシピ］

❶ 切り干し大根を戻しておく。戻ったらしっかり水を絞る

❷ パプリカはヘタと種を取る。にんじんと玉ねぎは皮をむき、それぞれ幅5ミリ、長さ2センチ程度の薄切りにする。ベーコンも食べやすい大きさに切る

❸ フライパンにオリーブオイルを入れて熱し、②のにんじん、玉ねぎ、ベーコンを炒める

❹ しんなりしてきたら②のパプリカと酒、ケチャップの半量、塩コショウを加えて炒める

❺ ④に、よくほぐした切り干し大根と、残った半量のケチャップを入れてさらに炒める

※今回はパプリカを使いましたが、ピーマンでもかまいません
※⑤の段階で味が薄いと感じたら、ケチャップを少しずつ足してお好みの濃さに調整してください

「肋骨締め」は内臓も健康にしてくれる

Epilogue

現代人の内臓は下がり気味

私は「肋骨締め」を始めてから、「内臓の位置が上がった」のを実感しています。

今の時代は、スマホが普及して、下を向くことが多くなり、猫背になっている人が目立ちます。猫背になると内臓が圧迫され、それによって下垂し、体形が崩れてしまいます。

ぽっこりお腹、バストやヒップの下垂につながりますから、内臓の下垂はボディメイクの大敵なのです。

また、肋骨が開いていると、胃が下垂して、腸が圧迫されるという説もあります。

「ビール腹」という言葉がありますが、高カロリーや不規則な食生活で、内臓に脂肪がついてしまうことも、内臓の下垂につながっているのではないでしょうか。

やせている人でも、内臓が下がると、お腹だけがポッコリ出てしまいます。するとウエストのくびれはなくなり、メリハリのあるボディからは遠ざかってしまいます。

私は「肋骨締め」と「くびれマッサージ」を始めてから、くびれができたことだけでなく、くびれの位置が上がったことにも驚きました。

これは、内臓の位置が上がったからではないかと思っています。

また、下半身に脂肪がつきづらくなり、生理中のお腹の張りもなくなりました。

これも内臓が正しい位置に戻った結果、代謝や血流がよくなったからかもしれません。

くびれの位置が高くなると、足が長く見え、スタイルがぐんとよくなるのもうれしいことです。

「肋骨締め」と「くびれマッサージ」は、私に理想のボディだけでなく、内臓を含めた健康な体をくれました。今では風邪をひくこともほとんどなくなり、私にとってあらゆる意味で大切な日常習慣となったのです。

便通がよくなり、お肌もつややかに

前項でもお伝えしましたが、「肋骨締め」と「くびれマッサージ」は、見た目だけでなく、体の内面にも変化をもたらしてくれます。

とくに「くびれマッサージ」は、腸もみにもなっているため、始めてからは便秘をしなくなりました。

さらに、このマッサージをしていると、お腹からボコッと音がして、ガスが排出されているのがわかるのです。

「肋骨締め」で内臓が正しい位置に戻っていることも、腸の動きがよくなることにつながっている可能性があります。

腸の調子がいいと、吹き出物ができることもなく、肌荒れなどの悩みは今のところありません。

肌に関しては、ウォーキングのときに耳まで隠れるフェイスカバーをしていて、絶対に日焼けしないようにしていることも、つややかな肌をキープするのに役立っていると思います。

風邪もひかなくなったので、免疫力がアップしたのかもしれないと思っています。

ＰＭＳ（月経前症候群）も感じなくなり、お腹も出ないので、生理中でも快適に過ごせています。

また、私はひどい冷え性で、以前はしもやけができるほどだったのですが、今ではそれもまったくなくなりました。血流がよくなって、末端まで届いているような感じがします。

私は若い頃、交通事故に遭い、むち打ちになった経験があります。それ以降、低気圧のときや雨の日は首が動かないという状態が長いこと続いていました。でも、「肋骨締め」を始めてからは、筋肉がほぐれ、体の可動域が広がったためか、首の痛みが気にならなくなったのもうれしいことです。

「肋骨締め」と「くびれマッサージ」は、真面目に取り組むと体の変化がすぐに表れるので、ぜひ多くのみなさんにチャレンジしていただき、その効果を実感していただきたいです。

くびれボディは人生を豊かにする

インスタグラムで自分のボディラインがどう変化するかを公開し、フォロワーのみなさんと一緒に理想の体形を目指すことは私の一番の幸せです。

よく「肋骨締めのレッスンをしてください」と言われるのですが、ボディメイクを仕事にしたいと思っているわけではないのです。みなさんと体の悩みを分かち合い、よい方法があればそれを共有し、「みんなでキレイになろう！」という気持ちしかありません。

また、数字に振り回されてつらくなるダイエットはやめて、楽しくボディメイクをすることを伝えていきたいと思っています。

私はアラフィフとなりましたが、「若くなりたい」という気持ちはなく、年齢に合ったファッションをきれいに着こなしたいという思いがあります。とくにデニムをきれいにかっこよく穿きこなしていたいので、そのためにはくびれたウエストと丸みのある上がったヒップがポイントだと考えています。加齢とともに、やせすぎるとシワが目立つため、体重はキープしながらボディメイクを行わないといけません。

インスタグラムは私にとって、スタイルの向上の場であり、フォロワーのみなさんの応援も励みになっています。

「肋骨締め」を続けたフォロワーさんからは、

「産後太りを解消してウエストが58センチになった」

「アンダーバストが10センチ細くなり、ブラジャーのサイズが変わった」

「肩こりや腰痛がなくなった」

「ボディメイクのコンテストで入賞した」

などといった声をたくさんいただき、うれしい限りです。

ただの主婦だった私が、本まで出せるようになったことにびっくりしていますが、自己流ながら自信をもって伝えることができているのは、継続して結果を出しているからです。

ですから、これからも変わらずに、インスタグラムで発信していきたいと思っています。

Dr.孝志郎による解説❺

「肋骨締め」がもたらす健康効果

個人差はありますが、「肋骨締め」によって姿勢がよくなることで、下がっていた内臓の位置が上がる可能性はあります。

内臓の位置が上がると、胃腸の動きが活性化し、消化吸収力が高まって、胃の不調や便秘の解消が期待できます。

また、腸内環境が悪化すると老廃物をためこんでしまい、肌のトラブルにつながりますが、腸の調子が整うと、肌荒れなどが軽減するでしょう。

makahou2さんの食事法では、なるべく小麦粉の使用を避けていらっしゃいますが、最近は小麦粉に含まれるグルテンによるアレルギーも指摘されています。このことも、肌にいい影響を与えているのかもしれません。

また、「肋骨締め」のような骨に刺激を与える運動は、アンチエイジングにも役立ちます。

骨は感覚器（センサー）であり、衝撃を感知すると電気を発生させることがわかっています。

その結果、破骨細胞と骨芽細胞が活

性化して、骨の代謝が促されるのです。

骨芽細胞は、若返りのホルモン「オステオカルシン」と免疫力アップのホルモン「オステオポンチン」を分泌します。

「オステオカルシン」は脳に刺激を与え、記憶力をアップさせて認知症を予防するともいわれています。

「肋骨締め」は、この骨芽細胞を活性化させるのにぴったりの骨のトレーニングと言えるでしょう。

女性の場合は、閉経後、女性ホルモンが減少して骨密度が下がります。そのため、「肋骨締め」で骨を鍛えることは、骨粗しょう症の予防にも役立ちます。

体重にとらわれて無理なダイエットをするのは不健康であり、きれいになれるとは限りません。

カロリーを気にしすぎるのも間違っています。カロリーよりも、makahou2さんのように、GI値をチェックして血糖値を上げない食べ方をすることで、太りにくい体質を作ることができるのです。

さらに、夜遅くに食事をすると太りやすくなることがわかっているので、昼間はしっかり食べ、夕食と朝食の間を14時間あけるmakahou2さんの食べ方もおすすめできます。

みなさんもボディメイクと賢い食事法で、理想の体形を目指してください。

あとがき

ここまでお読みいただき、本当にありがとうございました。

Ｐｒｏｌｏｇｕｅでもお伝えしましたが、私がこの「肋骨締め」およびボディメイクを始めたのは、ダイエットに失敗したこと、そしてそのときに、「私が手に入れたいのは、筋肉質で引き締まった体ではなく、くびれと丸みのあるしなやかなボディラインなんだ」と気づいたからです。

当初は「かっこいい40歳」を目指していましたが、45歳となった今、次なる目標は「年相応の美しさになるために向上（追求）すること」です。自然体でいて、実年齢より若く見られるのはうれしいことですが、「若作り」をしたいとは思いません。なぜなら、ボディメイクのおかげで、若い頃には着こなせなかった洋服も着られるようになり、そこに年を重ねた女性なりの〝品〟が生まれるはずと考えているからです。

年相応の美しさを保つには、日々のボディメイクが欠かせません。実は、本

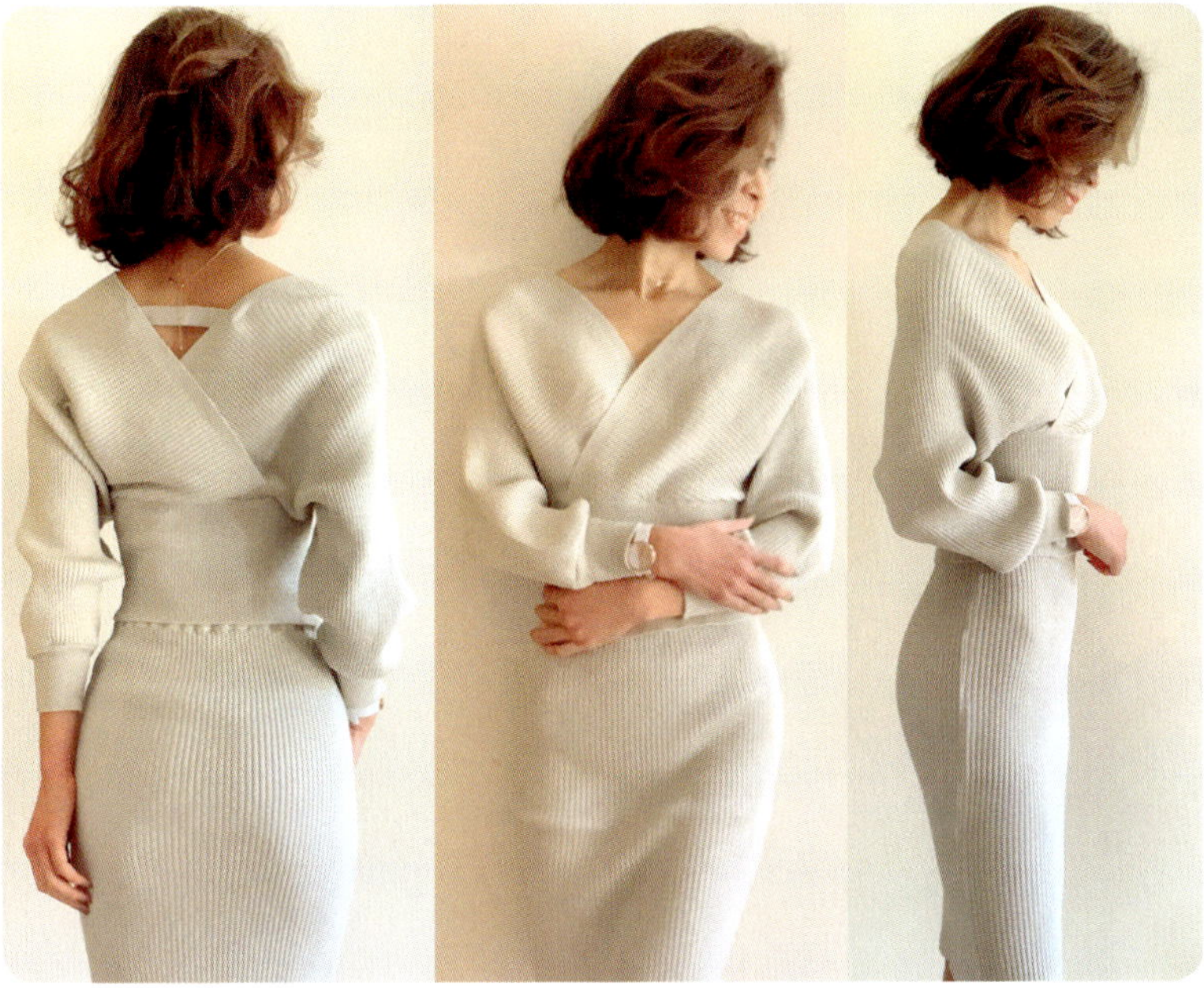

書の撮影は1月末に行われたのですが、以後も目標とするボディラインを目指して積み重ねたおかげで、理想の体形に近づきつつあると実感しています。
この本でご紹介した私のボディメイク法は、ひとつひとつはそう難しいものではありません。ですからみなさんも、無理なく楽しみながら、一緒にがんばっていきましょう。
最後に、いつも励まし、温かい言葉をかけてくださるフォロワーのみなさまに感謝の言葉をお送りいたします。

2020年4月

makahou2

デザイン・DTP　三瓶可南子
写真　細見裕美（go relax E more）
ヘアメイク　高橋あかね
校正　株式会社鷗来堂
編集協力　垣内 栄
編集担当　藤原将子

【著者紹介】

makahou2（まかほうつー）

フォロワー7万人超（2020年4月現在）の人気インスタグラマー。高校生の子どもがいる主婦。年齢を感じさせない美しいプロポーションと独自の美容法から多くの女性ファンを持つ。インスタグラムではオリジナルのボディメイク法である「肋骨締め」をはじめ、効果抜群のマッサージやウォーキング法なども公開している。
[インスタグラム]
https://www.instagram.com/makahou2/
[ブログ]
https://ameblo.jp/makahou8/

【監修者紹介】

藤澤孝志郎（ふじさわこうしろう）

日本内科学会認定総合内科専門医。宮崎医科大学卒。東京都多摩北部医療センター臨床研修修了。Dr. 孝志郎のクリニック院長。医学教育界の第一人者としても知られており、その講義を受けて医師になった者は海外医師も含めると10万人を超える。「病態生理講座」「症候学」「臨床対策救急」「サマライズシリーズ」は全国70大学以上の医学部で長く親しまれている。スポーツ医学も得意とし、専門はメンタルケア。タイトルマッチや防衛戦に臨むファイター達を精神面で支えてきた。著書に『世界一効率よく若返る！１日５秒骨トレーニング！』（ビジネス社）、『内科系専門医試験 解法へのアプローチ（第１集、第２集）』（ともに医学書院）などがある。

タオル1本《ぽん》でくびれを作《つく》る
肋骨締《ろっこつじ》め

2020年5月27日　初版発行

著　者／makahou2《まかほうつー》
監修者／藤澤《ふじさわ》 孝志郎《こうしろう》
発行者／川金 正法
発　行／株式会社 KADOKAWA
〒102-8177　東京都千代田区富士見2-13-3
電話 0570-002-301（ナビダイヤル）
印刷所／凸版印刷株式会社

●お問い合わせ
https://www.kadokawa.co.jp/（「お問い合わせ」へお進みください）
※内容によっては、お答えできない場合があります。
※サポートは日本国内のみとさせていただきます。
※ Japanese text only

定価はカバーに表示してあります。

ISBN978-4-04-064609-1　C0077